40代からをご機嫌に生きる88のヒント

LSC Academy
校長 鈴木尚子

はじめに

誰かに迷惑をかけないようにと世間体を気にして、母親から知らず知らずに受け取った「ちゃんとしなさい」という呪いに怯《おび》え、出る杭《くい》は打たれるからと目立たないように気を遣い、私さえ我慢すればいいのよね、と自己犠牲に生きる。子育てが終わりかけた今、私には何もない……。40代、50代の女性たちの多くは、そんな思考の中で生きています。

たくさんの女性たちに空間の整理や思考の整理を伝えてきた中で、この世代の女性たちの苦しそうな生き方が変わらなければこれからの日本は変わらない、とまで思うようになりました。この〝昭和な〟女性たちが受けてきた教育や親からの教えが、彼女たちの行く手を阻んでいます。

申し遅れました！　鈴木尚子と申します。この本を手に取っていただいたことに感謝申し上げます。

片付けのプロ・パーソナルスタイリストとして起業して14年、多くの女性のお悩み解決に関わらせていただいています。汚部屋出身であり、虐待寸前⁉の子育てに悩み、部屋を片付け始めたことがきっかけで片付けのプロになりました。現在は、女性の生き方をクリエイトする学校ＬＳＣ Ａｃａｄｅｍｙ（Life Style Creators Academy）の校長をしています。

片付けを始めて気づいたことは、空間と思考は相似形であるということ。空間が整わないのは思考が散らかっているからだし、思考が散らかっていれば空間は整わず、リバウンドしてしまうこともわかりました。

片付けを進める中で、

その思考はどこからきているのだろうか？
どうして私はこんなにもたくさんのものを所有しているのだろうか？

と考えてみると、そこには見栄、実力のなさを埋めるためのもの、無力感を誤魔化すものなど、不足を埋めるためのものがたくさんあったことに気づくことができました。

また、子どもが大好きだった私は、いつか子育てする時を楽しみにしていたのに、子育てが１ミリもうまくいきません。嫌だと思っていた母親の台詞《せりふ》と同じことを言っていることに悩みました。うまくいかない子育て、散らかった部屋、それらを克服しながら、同じように悩む女性のために仕事がしたいとの思いから起業し、現在に至ります。

その間に経験したさまざまなこと。例えば、これまでの生きづらさの原因にあったＡＤＨＤ気質や、常に努力と根性で生きてきたがむしゃらな人生、二度のがん、人間関係で起こるさまざまな不本意な現象。これらを観察し続け、女性が自分らしく生きるためにはどうしたらいいのか？　何がうまくいかない原因になっているのか？を紐解くために人体実験を行ってきました。20年の間に蓄えた88のラクに楽しく生きるコツが、今の私を創り、数々の受講生を幸せに導く武器となっています。

片付けはさまざまな連鎖を生みました。家が整ったことはもちろん、とにかく苦手だった時間管理ができるようになったこと。子どもたちや仲間、夫との関係性がクリアになったこと。大変だけど、私を支えてくれる仕事がもたらす、多くのものやことに気づいたこと。大病を通じて体の声を理解できたこと。

どれかひとつが整い始めると、ほかの要素にもいい影響が及び、各要素が互いを支え合うようになる。さらに、全体のバランスがよくなっていくと、螺旋階段のように気持ちも行動も上昇していくこともわかりました。この連鎖は究極的に、「ラクに、楽しく、美しく」、自分らしく本音で生きていくにはどうすればいいのか？　自分の軸を整えるきっかけを私に与えてくれました。

ですので、この本は、「心を整える」「持ち物を整える（時間やお金も含みます）」「関係性を整える」「仕事を整える」「体を整える」「自分の軸を整える」の、６つの「整える」で構成しています。

片付けの世界では、「整える」とは整理するということですが、整理とは「捨てる」ではなく、「選ぶ」ことだと私は伝えています。自分にとって何が必要で何が不必要なのか？　捨てるものを選ぶのではなく、これからの人生をよりよく生きるために、自分にとって大切なものを選び取っていく。誰かにとって必要なものは、あなたにとっては不要かもしれません。それに気づいて欲しいのです。

本書で紹介している88のヒントからも、「これは採用、これは不採用！」と、〝自分の軸〟で必要なものを選んでください。

自分らしく本音で生きることの大切さがわかってからは、前述のようなネガティブな私はいつの間にかいなくなり、楽しくて仕方のないご機嫌な人生を過ごしています。そんな私のそばに来る女性たちも、皆さん自分らしい人生を切り拓き始めています。

ご機嫌な女性たちが増えれば、家庭は明るくなり、子どもたちはママの楽しそうな背中を見て過ごすことができ、仕事から疲れて帰ってくる夫にとっては最高のパワースポットになります。同様に職場の雰囲気もよくなり、メンバーの機嫌のよさは周りに広がっていく。ひいては、日本が元気になると信じてこの本をお届けしたいと思います！

この本は、最初から読み進める必要はありません。目次を見て、今自分がいちばん悩んでいるところ、問題解決したいところから読んでみてください。項目ごとに話が独立しているので、毎日ひとつずつ読み、意識して一日を過ごしていただくのもよいかもしれません。

はじめに―3

Chapter 1

心を整える ―すべてはここから始まる

01 まずは自分を知ること―16
02 変えられるのは自分だけ―19
03 人の目よりも自分の声―22
04 見えている世界は3%―25
05 思考が現実を作り出す―28
06 「べきべき人間」をやめる―31
07 ネガティブ上等！―35
08 足かせを外せるのはあなただけ―37
09 鎧を手放す―40
10 許すことは緩むこと―43
11 自分に許可を出す―46
12 それは思い込み―48
13 あなたを乗り物にたとえると何ですか？―51
14 気持ちよく持ち続けるか、潔く手放すか―53
15 現状が今のあなた―55
16 あなたのせいじゃない―58

Chapter 2

持ち物を整える

―取捨選択で人生を豊かにする

17 お金はある！―62
18 お金大好き♡―65
19 お金は気持ちよく使う―68
20 「自分でやって」―70
21 それぞれの時間で夫婦円満―72
22 私の時間も大事、あなたの時間も大事―74
23 外見は無言のメッセージ―77
24 好きな服を着たらいい―79
25 その服で元カレに会えますか？―81
26 その眉毛、大丈夫？―83
27 言葉はあなた自身―85
28 「じゃあどうする？」―88
29 幸せはあ・す・だ・な―90
30 クローゼットはあなたの鏡―92
31 ＹＯＵ！ さっさと片付けちゃいな！―95
32 家事は「仕組み」でみんなができる！―98

Chapter 3

関係性を整える ―つながりが幸せを増やす

33 つながりが幸せを増やす―104
34 価値観の合わない人が世界を広げてくれる―108
35 自己理解が他者理解―110
36 家族のコミュニケーションこそ「さしすせそ」―113
37 誰かの弱みは誰かの強み―115
38 〝身近な5人〟の平均が私―118
39 ギバーになっても、やりすギバーになるなかれ―121
40 応援するから、応援される―124
41 普通なんてない―127
42 いくらでも失敗したらいい―130
43 楽しむ背中を見せる―134
44 親にしてほしかったことを自分にする―137
45 優しい虐待は繰り返す―141
46 自己肯定感を上げる「うん、うん」―144
47 伝える時は「なぜなのか」とワンセットで―147
48 否定しない、ジャッジしない―151

Chapter 4

仕事を整える
―人生１００年時代を自ら支えるために

49 どんな仕事にも「好き」「得意」「ラッキー」は隠れている―156

50 やらずに終わることが最大の失敗―160

51 ライフワークもあり、ライスワークもあり―162

52 あなたが社長ならあなたを雇いますか？―165

53 成功しない３つの「ない人」―167

54 利他の精神はチャンスの前髪―169

55 やっては改善、やっては改善―172

56 ワークライフバランスか、ワークアズライフか―174

57 自己理解が富を生む―176

58 期待を超える―179

59 人生は一度きり―181

60 出すぎた杭は打たれない―183

61 がむしゃら禁止令―186

Chapter 5

体を整える
―健康は幸せの原点

62 検診に行こう！―190
63 あなたに合う食べ物は隣の人とは違う―192
64 ブスはお腹の中が汚い―194
65 健康はいい油から―197
66 小麦粉注意報、発令中！―199
67 便は便り―201
68 暴飲暴食は究極の自分いじめ―203
69 誰と食べるかも大事―205
70 明日の健康は今から作る―207
71 睡眠を疎かにすることは、人生を疎かにすること―208
72 未病は命取り―211
73 長引くストレスは病のもと―214
74 香りで副交感神経をオン―216
75 4-7-8呼吸―218
76 鏡を見るたび姿勢をチェック！―220
77 ブラジャーはいい仕事をしてる！―222
78 今がいちばん若い！―225

Chapter 6

自分の軸を整える

―次なるステージに進むために

79 基準を上げると人生が変わる―228
80 素直さは最強のサプリメント―231
81 答えはあなたの中にある―234
82 生き様は死に様―235
83 ライフワーク、ライトワークを目指す―238
84 逆算して生きる―240
85 ただ決めるだけ―243
86 一年に一度、決めるだけ―247
87 学び続ける―250
88 自己実現から自他実現へ―253
おわりに―259

Chapter 1

心を整える

| すべてはここから始まる |

私たちの人生は、過去の経験の中で創られています。過去の成功体験や失敗体験、
それらが私たちの思い込みを作ったり、正しい思考を作り出したりしています。

大切なのは、現状を知ること。

私はどうしたいのか？　私はどうありたいのか？　そのために邪魔しているものは何か？

目指すゴールは何か？　溢《あふ》れ出す感情はどこからくるのか？

まずは知ることが大切です。

01 まずは自分を知ること

どんな人生を送りたいと思っていますか？


あなたにとって幸せとは？

あなたにとって成功とは？

あなたはどんな人ですか？

聞かれてすぐに答えられる人は自己啓発オタクです。ほとんどの人たちは、自分が好きなことは何か？　どんなことが得意か？　にすら答えられません。

「うちの夫はこういうところがムカつく」「あの課長は口ばっかりで全然仕事をしない」とか、あるいは義理の母の嫌なところなどは、断定して言い切れるのに！　自分のことはわからないのです。

私の人生探しの一歩目はこの質問から始まりました。

「家が火事になった時、持ち出すものは何ですか？」

こう聞かれたのは、アメリカ発の片付けのプロ、ライフオーガナイザー資格[1]を取得した時のことでした。

私は通帳やお金や権利書など、大事と言われているものかしら？　と思いましたが、これらには後から何らかの救済措置がありそうです。写真や思い出？　とも思いましたが、これらは自分の胸の内にもありそうです。

こんなにたくさんのものを家の中に抱えているのに、さほど大事なものがないことに驚きました。その時、私にひとつの映像が思い浮かびました。

それは、燃え上がる火の前に立つ私。私の目には、夫と2人の子どもたちが玄関の扉を開けて出る姿が見えていました。その時、**「私にとって必要なのは、ものではない。家族が笑顔で過ごしている様子を、私自身が見ていられることが幸せなんだ」**と気づきました。

ですが当時の私は、片付けはできるようになったものの、毎日毎日、子どもに片付けなさい！　早くしなさい！　あれしなさいこれしなさい！と命令ばかり。いつもイライラして家族を笑顔にするどころか、泣かせたり、怒らせたりしていたのです。


多くの人が、「自分のことがいちばんわからない」ものです。何がいちばん大切なのか？　どう生きたいか？　**自分自身の本音を知る。ここからすべてが始まります。**

① 一般社団法人日本ライフオーガナイザー協会

02 変えられるのは自分だけ

私が片付けを始める前のことです。毎日毎日、子育てにイライラして不機嫌だった私は、しょっちゅう夫と喧嘩をしていました。ある日のこと、夜遅くまで相手を罵《ののし》り（本当に、この罵るという言葉がぴったりだなと思うくらい嫌な言葉をぶちまけていました）、朝起きても気分が悪く、夫も不機嫌で、それでいてどこか悲しそうに思えて、後悔の気持ちが心に漂った時、声がしたのです。

「いつまで不機嫌を続ければいいんだろう？」

その瞬間、雷に打たれたような衝撃を覚えたのです。

「続ける？　続けるということはその主語は私だということ？」

しばらく呆然と立ち尽くしたまま考えました。「では、不機嫌をやめてご機嫌になることもできるということ？」

夫が出勤した後、その言葉が何度もリフレインしていました。

私はどうなったらご機嫌になれるんだろう？
いつも不機嫌なのだから、いつもとは違うことをしてみたらどうだろう？
そう考えて、引き出しをひとつ片付けてみることにしたのです。

引き出しの中のものを出して、整え、きれいになった状態を見た時、心が晴れ晴れとしました（後年、プロになってから思い返してみると、これは片付けたとは言えない、並べ直しただけの行為だったのですが……（笑））。そこから片付けにのめり込み、数年かけて家を片付け、その後、片付けのプロになりました。そんな経験もあって、心と空間はリンクしていると理解したのです。

ですが、片付けが終わってもどうにも解決しなかったのが、家族との関係。そこで心理学を学びたいと考えました。私の最初の心理学の先生である、**ウェルビーイング心理教育アカデミー②**の渡邊奈都子さんがいちばん初めに教えてくれたのは、「変えられるのは自分だけ」という言葉でした。この言葉に衝撃を受けました。

私は常に、子どもがもっと言うことを聞く子だったらよかったのにとか、夫がもっと言葉上手で優しい人になってくれたらいいのにと思っていましたし、片付けにしても、「苦手な私が一生懸命やっているのだから、みんなも必死でやれ！」と思っていました。

いつも私にとって都合のいいように相手をコントロールしたいと思っている自分に気づいたのです。

そのひと言がきっかけとなり、心の世界をもっと知りたいと思うようになりました。

相手を変えられると思っていると余計な力が入り、言わなくてもいいことを言ったり、罵声を浴びせたり、周りも自分自身もそれはそれは大変です。あるいは、怒鳴らずとも冷ややかに静かに子どもをコントロールしているお母さんもたくさん見てきました。

でも、人生はほかの誰のものでもない自分のもの。誰だって人からコントロールなどされたくないはずです。けれど、家族は自分の所有物という意識になりがちで、コントロールできるものだと勘違いしてしまいやすいようです。

変えられるのは自分だけ。

不機嫌でいるか？　機嫌よく生きるか？　たったひとつ選択を変えるだけで、人生は変わります。心に余裕があるかないかは、環境のせいでも誰かのせいでもありません。自分がどう考え、どう動くか、そしてどう変えるかです。

②　一般社団法人　ウェルビーイング心理教育アカデミー

03　人の目よりも自分の声

完璧でなければならない。
子どもはいい子に育てなければならない。
ちゃんとしなければいけない。
いい人でなければいけない。
いい学校を出なければいけない。

人に認められなければいけない。

私たちは、たくさんの「べき」や「ねばならない」を抱えて生きています。

私の「べき」や「ねばならない」も母譲りの強固なものでした。その強固に植えつけられた〝呪い〟のあれこれに神経をすり減らしている人の多いこと。

〝呪い〟を解きたくて、いろいろ抵抗してみましたが、刷り込まれたそれらは、一見、去ったように見えて、大人になった頃、意に反して戻ってきました。なぜか子どもを産んだ後は、その〝呪い〟＝借り物の信念が強固になり、自分をすり減らしながら生きていました。

「べき」や「ねばならない」。自分が決めたそれらができないと、自分を責め、できている人を妬み、夫から言われたひと言でやっぱり私はダメなんだと、その思いをまたまた揺るぎないものにする。

子どもにも同じことを強要している自分に気づいた時、それはやめようと決心しました。

私たち人間は動物としてとても脆弱《ぜいじゃく》だといわれています。何と言っても、生まれたら親を頼って生きるしかない。子鹿だって自分で歩く、子犬だって自らおっぱいに吸いつく。それすらできないのが人間の赤ちゃん。狼は子どもの時から獲物を獲りますよね？　人間は食事を与えられて生きている子がほとんどです。親がいなければ何もできない。見放されたら生きていけないのですから、親の言うことの影響力はとても大きい。

それに子どもは親が大好きですし、親は（原則）子どもに愛情いっぱいです。**「あなたのためよ」という至極まっとうなひと言で親は子どもを動かします。**

そのうち子どもは、親が喜んでくれそうな行動を取ったり、言うことを聞いたりして、「私はとてもいい子です！」と主張します。こうやって書いていると、私たち人間というのは、誰かに気に入られようと、あざといことをするものだなと思います。よく見られなきゃ！　気に入られなきゃ！っていうのが、いつの間にか当たり前の行動になるんですね。

だけどね、**私たちがいちばん聞くべきは、本当の自分の声なのです。**

自分がどう生きたいのか？
自分が何をしていると嬉しいのか？
どんな人と一緒にいたら楽しいのか？

やりたくないことは何か？

人の目を気にするよりも、自分の声に耳を傾けることがとても重要なのです。

人の目を気にして、人から認められる自分であろうと必死で生きるのか？
自分の心の声に従い自分らしく生きるのか？
前者より、後者のほうが実は結果に繋がりやすく、願いも叶《かな》いやすいことがわかっています。

さて、あなたはどちらを選びますか？

04 見えている世界は3％

良い妻、良い母を目指していたので（笑）、そのための情報収集には余念がありませんでした。愛読書は『ＶＥＲＹ』という雑誌で、良妻賢母たちの生活を垣間見ては、自分の不足を数える毎日。この読者モデルたちはなんて凄《すご》い人たちなんだ！と毎号毎号、発売日に買いに走っては眺めていました。

カフェ風ごはんなんて見るとやってみる。その日からワンプレートごはん（笑）。喜ぶと思っていた子どもたちや夫には、おかずの味が混ざると不評だし、夫からは毎回のごはんにそんな見た目のよさは求めていないと言われる始末。


インテリア特集で見る読者モデルさんの家は、センスがよく、常に美しく、何人も子どもがいるのに何でこんなにきれいに暮らせるんだろう？ どうして私にはまだ子どもがひとりしかいないのにできないんだろう？と、毎号指をくわえて見ていました。

きっと今は、インスタグラムなどのＳＮＳを見ながらそんなふうに思っている人も少なくないかもしれません。

そのうちご縁があって、ＶＥＲＹ読者モデルとして掲載いただく機会があり、さらにその後、片付けのプロとして、指南役で登場させていただきました。

汚部屋からは転身した我が家でしたが、取材の日の前日は片付けていました（笑）。撮影直前まで子どもが広げたおもちゃでいっぱいでしたし、髪を振り乱して掃除して、普段はしないくらいの濃いメークをして取材に備えていました。

「そんなもんか」

雑誌の裏側の世界を知ってそう思いました。

ほかの雑誌では、素敵なインテリア特集によく出る方で、晴れている日にしか撮影できないケースもあると伺いました。部屋中に散らかっているものをすべてデッキに出さないといけないからだそうです。

インスタグラムで有名なパーソナルスタイリストさんは、家が服だらけで洋服をしまう場所がないから、ゴミ袋に大量に入れて床に置きっぱなしだなんて話も聞きました。

私たちに見えているのは切り取られた1ページでしかありません。
だけど、その切り取られた世界を見て、私たちは完璧であると誤解してしまったり、他人と比較したりしてしまう。

ほんの一部しか見ないで判断していることの何と多いことでしょう！
ひとつの行動で、「あの人ってこういう人」と決めつけてしまったり、言われたひと言で、「あの人は私のことが嫌いなのね！」と思ってしまったり！
誰しも知らず知らずのうちに、「母とは〜だ」「女性とは〜だ」などという思い込みを持っています。

自分自身の過去について母に聞いてみると、母の認識と、私の認識が全く違い、思い込みだったことに気づかされることも何度となくありました。

私たちが意識できている現実はたったの3%。残りの97%は無意識の世界だと脳科学では言われています。

そのたった3%の中にも思い込みや、裏事情があって、それまた小さなことに一喜一憂していることを、私たちは理解しておく必要があるかもしれません。

05 思考が現実を作り出す

私のもとには、家庭内の問題を改善したいという方が多く訪れます。子どもが、夫が、両親が、義理の両親が、とおっしゃる方が多いです。職場の上司や部下の問題をお持ちの方も多いですが、これらのすべては**投影**という現象だということを知っておくとよいでしょう。

心理学における投影とは、自分が持っている否定的な問題を他人のものとして知覚することや、自分の欲求をほかの人を通して自覚することです。鏡の法則などとも言われています。

自分にもある嫌な性格を認めたくないために、他人に押しつける防衛機能です。「この人のここが嫌い」というのは、自分の中にもあることだったりします。

私自身も長男が生まれた20年前、子どもの行動のすべてが気にかかり、なぜこの子はこんな行動を取るのだろうと、一つひとつにガミガミと注意ばかりしていました。

なぜこんなにも気になるのか？　これでは、嫌だと思っていた母親のガミガミとそっくりじゃないかと気づきました（母との葛藤は終わり、今は仲良しです〈笑〉）。

なぜこんなに気になるかと言うと、**自分の中にある「自分の問題点」と思っていることがそのまま息子に映し出されていたからだと気づきました。**

中途半端、出しっぱなし、やりっぱなし、集中力がない、自分はどうせ何をやってもダメだなど、コンプレックスに思っていることが子どもに投影されていたのです。

だから、何とかしなければいけないと気になって仕方なかったのです。

ある受講生は、上司とのトラブルに悩んでいらっしゃいました。「どうも私のことが嫌いみたいで、私の話を聞いてくれません。私の意見は無視される」と言うのです。

「あの人は私のことが嫌いだ」「私は馬鹿にされている」、そう思い込んでいる相手にニコニコと話しかけられる人は少ないと思います。いつ何を言われるだろうとビクビク怯えながら話をして、正しいことを言わなければと慌ててしまうようでは、言いたいことも言えません。すると相手は、「話してもしょうがないな」とか、「君の話していることはよくわからないな」といった結果に終わり、コミュニケーションが成立しません。つまり、ネガティブな思考が現実化してしまうのです。

自分の思い込みに対して、無意識にその証拠探しが始まります。
そして、「やっぱりそうなんだ」という誤った認識を自分にプログラミングしてしまうのです。

セッションの中で、本当はどんな関係が築けたらいいのかについて導くと、「本当は相手の話を聞きたい、何を考えているのかを知りたい」と思っていることに気づき、驚いていらっしゃいました。その気持ちで翌日上司に話しかけてみると、上司はぺらぺらと心地よくお話をしてくださったそうです。

配置替えがあってから、ずっと悩んできたのに、心の持ちようでこんなことが起こるのか！と報告をくださいました。今では良好な関係が築けているそうです。彼女はいつも、「自分には価値がない気がする。そんな自分が嫌いだ」と思っていたそうです。今回の件で、上司との関係は、**価値がないと思い込んだ自分が創り出した世界だったことに気づき、そう思うことをやめてからは、人生が好転し始めています。**

もし今、願っていない不本意な現実があるのだとしたら、あなたの無意識下にあるどんな思考がそれを創り出しているのか？　どんな思い込みがあるのかを考えてみましょう。

06 「べき人間」をやめる

私が片付けを始めたのは、散らかっているとイライラするという理由からでした。

私のサービスを頼んでくださるお客様も、片付かなくてイライラする、子どもにも怒ってしまうのでよくないと思ったからという方がほとんどです。こんな些細《ささい》なイライラに端を発し、憤慨とも呼べる大きな怒りを覚えることは誰にでもあることです。

私はもともと怒りっぽくて、ちょっとしたことで瞬間湯沸かし器状態になり、子どもにも夫にも怒りをぶつけていました。それをどうにかしてやめたいと思い、アンガーマネジメントファシリテーターにもなりました。

怒りを自分でマネージメントする？　相手が私を怒らせているのに？　そんなことが可能？と思いましたが、日本アンガーマネジメント協会③代表の安藤俊介さんが私に教えてくれたのは、私たちの怒りの根源は、子どもでも夫でも上司でもない。環境でも政治でもない。たったひとつ、私たちが信じて疑わない「べき」だということ。

子どもは大人の言うことを聞くべき。
ちゃんと勉強するべき。
約束には1秒も遅れずに行くべき。
人には親切にするべき。
夫は私に優しくするべき！

この自分が信じて疑わない「べき」を脅かされた時、私たちは怒りを覚えるというのです。

また、『親業――子どもの考える力をのばす親子関係のつくり方』の著者トマス・ゴードンは、怒りは第二次感情であり、その裏側には第一次感情が潜んでいると言っています。第一次感情には、不安や心配、落胆や空虚感、悲しみなどいろいろな感情があります。

例えば、子どもの帰宅時間が遅くて怒ってしまうのは、その裏側に〝心配している〟という感情があったり、夫に怒りを覚えるのは、「私は蔑《ないがし》ろにされている」と思ったからであったりするわけです。

その時、私たちは相手にどんな言葉を伝えているでしょうか？　「時間までに帰ってこないなら、鍵閉めちゃうからね」と脅してみたり、「あなたっていつもそうよね！」などと、相手にしてみれば何を言われているのかよくわからない言葉で怒りをぶちまけたりしていないでしょうか？

本来伝えるべきは、怒りの裏側にある第一次感情です。

「ママは、あなたが時間通りに帰ってこなくて、何かあったんじゃないかととても心配したのよ。次からは約束の時間には帰ってきてね」と伝えることができれば、**怒りよりもよほど効果的なはずなのです。**

アンガーマネジメントでは、怒りを感じた後の6秒間が過ぎると、怒りの衝動が少し落ち着くといいます。ですから、私は何か怒りを感じることがあると、**「この怒りの第一次感情は何だろう？」と考えるようにしました。**すると、「そうか私は、子どもに注意しているようで自分がほかの人の目にどう映るかが心配だったんだな」とか、「自分を大切に扱われなくて嫌だったんだ」とか、自分の感情に気づくことができたと同時に、怒ることが減っていきました。

怒りの感情がすごく強かったと自他共に認めるほどですが、今では怒ることがほとんどなくなり、心も体もラクになりました。

③　一般社団法人　日本アンガーマネジメント協会

07

ネガティブ上等！

私たちはいつも、脳内にいる自分とセルフトークをしています。


こんなんでいいだろうか？

またやっちゃった……。

やっぱり私ってダメだな。


こんなふうにネガティブな声が聞こえてくるから、行動できなかったり、チャンスを逃したり、後から後悔したりすることがあるのかもしれません。


私のもとに相談にいらっしゃる方は、このネガティブな感情を消したいとおっしゃいます。

「ネガティブではない私に変わりたい」と言うのです。

ですが、感情にいい悪いはありません。

よくないものだと決めつけているのは自分です。どの感情も持っていて当然です。あっていいのです。

例えば、先ほど取り上げた怒りの感情がなかったら、襲われているのにヘラヘラしている！なんてことになるかもしれません。怒りの感情があるから、「次は絶対勝つぞ！」といったモチベーションにつながることもあります。防衛本能ややる気を出すために必要な感情です。

誰でも、不安に思ったり、怒りを覚えたり、落ち込んだり、羨ましく感じたり、悲しく思ったりすることはある。その時に聞こえるのがセルフトークです。

「羨ましく思うなんて最低な人間だ」

「そんなことでいちいち落ち込むなんて弱い人間だ」

これを私はひとりSMな人（笑）と呼んでいます。誰から言われたわけでもないのに、傷ついている自分の傷口に塩を塗るように、自分をより傷つけるようなことを自ら言ってもっと落ち込ませているんですから！

ネガティブな感情はあって当然、感じてOK！　だけどその感じる自分を責める必要はないということ。感じているなとわかったら、「そうか、今私は落ち込んでいるんだな」「私は今悲しい気持ちなんだな」と受け止めるだけ。

友達が落ち込んでいる時に、「そんなの弱っちくてダサいね」とは言わないはず。ネガティブな感情にも意味があるし、誰にだってネガティブな時はある。無理にネガティブな感情を手放す必要はないのです。ただ、自分の気持ちに寄り添ってあげる。自分に優しくなれたら、相手にも優しくなれるはずです。

08

足かせを外せるのはあなただけ

エレファントシンドロームをご存知でしょうか？

子象の足に鎖を巻きつけ、動けないように制限すると、最初、何度も足かせを外そうと動いて逃げようとし続けるけれど、逃げることができないとわかると、やがて諦めてしまう。そうやって育てられた象は、大人になった時、少し力を出せば引きちぎれそうな細いロープや杭につながれても逃げようとしないという話。どうせ何やったって無駄だよと、思い込んでやろうとしないことをこのように言うそうです。

何かをやる時、失敗しないだろうか？　うまくできないのではないか？　そう思ってチャレンジできない人が多いなと感じます。自分を信頼していないし可能性も信じていない。願ってもどうせ無理だと決めつけてしまっている。

できない理由に焦点を当ててしまい、自分に制限をかけた結果、やりたいことすらわからないという人がとても多いと感じるのですが、かつては私も、〝やりたいことなんてないし、何をしたってできない私〟に焦点を当てていました。

やりたいことや、「こうなりたい」とか「これが欲しい」を見つけるのが苦手だった私は、「こうなったら嫌だ」を探しました。汚い部屋は嫌だ、愚痴ばっかり言っている人の話を聞くのは嫌だ、自分ばかり家事をするのは嫌だなどなど。嫌なことを探し、それらをすべて変換させました。

汚い部屋は嫌だ。↓きれいな部屋に住みたい。
愚痴ばっかり言っているママ友の話を聞くのは嫌だ。↓価値観の合う友達が欲しい。
自分ばかり家事をするのは嫌だ。↓夫も子どもも家事は当たり前のこと、自分でやることと思ってほしい。

そんなふうに考えて、どうしたらそうなるか？　次なる行動を考えました。

1箇所ずつ片付けてみよう。
ほかのママたちとも話をしてみよう。
子どもたちが自分で自分のことをできるように、遊び感覚でお手伝いをしてもらおう。

これらが今はすべて叶っています！
自分に制限をかけてしまうことには、育ってきた環境などいろいろな要因がありますが、

〝足かせ〟を外せるのはあなただけです！

09 鎧を手放す

小さい頃よく言われた言葉は、「ちゃんとしなさい」でした。母になってから自分自身もよく使っていましたが、ちゃんとしなさいの呪いに苦しんでいる女性は大変多いと思います。

私は、「ちゃんとしていない子はダメな子」と刷り込まれてしまったので、大人になってからも「ちゃんとする」に縛られていました。

あれもできていないし、これもできていない。完璧を求める割にやれない。やれない自分にまた凹《へこ》む、自己肯定感だだ下がりの無限ループの中にいました。いつもいつもそんな自分が嫌で仕方なかったことが、すべての物事がうまくいかない根源でした。

片付けをする中で、最後まで片付けられなかったのは洋服でした。かつてアパレル業界にいたこともあり、洋服は私にとって大好きなものだからと、なかなか手放すことができなかったのですが、新しい家に引っ越した際、珪藻土の壁がまだ乾ききっていなかったために、私の衣類にカビが生えまくってしまったのです。

すべてクリーニングに出すとしたら？　すべて手洗いしたら？　考えると嫌になるほど量があったので、いるものだけ洗おうと意を決して洋服と向き合ったのです。１枚１枚と向き合うのに、最初はとても時間がかかりました。そして気づいたのです。**「これは私の鎧《よろい》だったのだ……」**と。

仕事ができないと思われたくない。
本当は自信がないことを見破られたくない。
これらを隠すために、洋服を鎧にして、見た目だけ強そうに、できそうに見せていたことに！

私は少々ＡＤＨＤ気質があるために、人よりできないことが多かった。時間を守れないとか片付けられないとか、継続できないとか、いろいろなことが苦手でした。
また、ちゃんとしなければ価値がないという思い込みがあり、完璧であろうと必死で隠していたことに気づいたのです。

強そうだけど弱いことも、できそうだけどできないことも、その時から思い切って出していくことにしました。すると、周りの人たちが気持ちよく手を貸してくれるようになったのです。

また、ブログにも〝できない私〟を書くようにしました。

今はきれいになったけど、〝片付けられなかった私〟だったこと、ちゃんとしているように見えるけど15回もお財布や定期入れなどをなくしていること（すごいでしょ〈笑〉）、自信がないからパワハラ寸前な管理職だったことなどなど、書き始めたらダメなところばかりでした。

包み隠さずに本当の自分でいるようになったら、自分の気持ちがラクになっただけでなく人から好かれるようになりました。

完璧でなんていられないのに、本当は不完全で当たり前なのに、人は完璧や究極を求めてしまう。

もう、ちゃんとしなくていいよ。完璧より不完全なほうがよほど人間らしく魅力的だよ。

すっかり鎧を手放して、不完全な私を楽しんでほしいと心から思っています！

10 許すことは緩むこと

母のことを許さないと決めていた時期がありました。子どもの頃から私には選択権がなく、学校も進路も母が決めてしまっていたからです。

その選択が奇跡的に素晴らしいものになっていたら逆に感謝したのかもしれませんが、それらのほとんどは、私にとって「嫌だな。こんなところに行きたくないのにな」と思うようなもので、「やっぱりこんなところに来なければよかった」という事実を引き寄せ続けてしまう。

うまくいかないことばかりで自己肯定感を下げまくり、苦しいことが幾度となくありました。結果、「あの時、母が思い通りにさせてくれなかったからだ」とずっと恨み続けていました。

もちろん母も、悪いことをしてやろうとか、辛《つら》い思いをさせようとしてそれらを選んだわけではなく、きっと幸せになれるはずと思っての選択だったようですが、私は何をやってもうまくいかない人生はすべて母のせいだと思い込みました。

ここには書き切れないほど、母との葛藤がありました。母の発するひと言にいちいちイラッとしたり、大喧嘩したことも数知れず。何でこんなに合わないんだ……と思うこともしばしばでしたが、一度目のがんになった時この言葉に出会ったのです。

許すことは緩むこと。

許せない！　許さない！　その強固な思いは相手に届いていない。そう決めて苦しんでいるのはあなただけです。

許せないという状態は、ガチガチに力が入っています。力が入った状態では血管も収縮し、巡りも滞ります。私は許せないことでがんになったのかもしれないなと思いました。

自分のためにも許すことを選ぼうと思えたのです。

許すと決めた途端、いつもイラッとする言動の多かった母が変わっていきました。おそらく母が変わったわけではなく、自分の見方が変わったのだと思います。

幸せになりたいと願うのであれば、まずは許すことがすべての入り口です。
そして、相手を許すことはもちろんですが、その対象は多くの場合、自分であることも多いです。

うまくできない私。
自信のない私。
決断できない優柔不断な私。
あの時こんなことしちゃったと罪悪感を抱き続ける私。
怒りに任せて子どもを怒ってしまった私。

できない自分や、やらなければよかったと思う過去を許すこと。これがすべてが好転する入り口なのです。

11

自分に許可を出す

あの時、うまくいったのはAさんが力を貸してくれたから。
あの時、いつもとは違う決断ができたのは○○を習ったから。

私たちは、悪いことが起きると、私のせいだ、自分が悪いんだと思いがちなのに、いいことは他者のお陰と思いがち。

ですが、これ全部あなたの選択のお陰です！

Aさんが力を貸してくれても、まだ自分自身が準備できていなかったらその結果にはならないし、その時、いつもとは違う決断ができたのは、○○を習おうとあなたが選んでいたから。

チャンスを摑《つか》めるように、事前に許可証を持っていたからうまくいっています。何かが変

わったからではなく、あなたの内側で変わることに許可を出しているのです。

人は知らず知らずのうちに自分の可能性に蓋をしがちです。どうせできないと思い込みがちですが、振り返ってみると自分で決めて進んできた道はたくさんあるはず。誰かが何かをしたわけではなく、自分で許可を出せたから選べたのです。

今、自分に許可できないことは何ですか⁇

例えば、「私にはショートカットなんて似合わない」。これも自分で許可が出せていないということ。「やってみたいな～」と思うならそんな蓋は外して、ショートカットにしてみたらいい。髪は伸びるんですから！

「どうせあんな服は似合わない」。そんなこと言わずに着てみたらいい。案外よかったり、自信に繋がったりするかもしれません。

自分に許可を出すことはなかなか難しいと思うかもしれませんが、ポイントは実際に行動してみること！　行動に移すことです。

行動に移して失敗しても、そんなに大したことではないです！　それよりもまずはやってみる。やってみてわかることがあったり、違うことがあったらそこでまた考えればいい。

ほんの少しの勇気があなたの未来への第一歩になります！

12 それは思い込み

私たちの認識の多くは思い込みです。

例えば専業主婦のＡさん。ご主人との何気ない会話で、「今日は何していたの？」と聞かれました。その時のＡさんの解釈は以下の通り。

私が専業主婦で暇だと思っているんだ。

私が専業主婦だから馬鹿にしているんだ。

子育てなんて大した仕事ではないと思っているんだ。

こうなると、ただ何気なく「何していたの？」と聞いた夫の言葉は、聞いただけの事実から別のものに変わってしまいます。

私ばかり家にいてのんびりしているからずるいと思っているんだ……。

ただで飯食えていいよなと思っているんだ……。

もはやここまでくると、ご主人は敵です。最悪な相手だという認識になってしまっています。

が、しかしこれ、すべて思い込みですよね？

実は私たちの毎日の中には、こういった思い込みがたくさんあります。

私にだけ連絡がこない。嫌われているんだ。↓ただの連絡ミスかもしれません。

挨拶してくれなかった。怒っているんだ。↓気づかなかったのかもしれません。

このように勝手に思い込み、ああでもないこうでもないと自滅している女性って少なくない。

昔は私もそうでした。誰かの機嫌の悪い様子が目につくとビクビクしたり、会議中、喋《しゃべ》らない人がいると、納得していないんだな、と妄想したり。

こんなことをいちいちやっていると、それはそれは疲弊してしまいます。目の前の事象に意味づけをしているのは自分、妄想癖で悪い方に考えてしまっているのは自分です。

一度物事をフラットに受け止めてみる。

何していたの?と聞かれたら、「今日はお買い物行って、児童館行ってきたよ」。ただそれだけ答えればいいのに!

私たちの頭って物事を複雑にしがちなんですよね。妄想劇場の中でひとり悩んでいる。よくよく考えてみれば、笑っちゃうほど妄想族なことも少なくないはずです。

そのネガティブな思い込み、本当ですか？

13 あなたを乗り物にたとえると何ですか？

これはよく受講生に問う質問です。

私はランボルギーニ尚子と呼ばれていました（笑）。ランボルギーニはイタリアの高級スポーツカーです。狭い道だらけの日本での街乗りには適さない、常にスピードを求める、みんなで乗るよりひとりで乗る2シーターでいい、直線的な形や見た目にこだわる。そんなイメージの車。

仕事では、私がランボルギーニで暴走状態の後ろを、ビジネスパートナーがエスティマに部下を乗せて、見失わないように必死でついてくる、そんなイメージでした。

受講生の回答は、大勢乗れる車だったり、そもそも車ではなく、のんびり走っていつでも止まれる自転車だったり、気球だったり、新幹線だったりといろいろなのですが、それを聞いていると、「自分がどんなスピードで、どこに行きたくて、どんな感情でどう生きていきたいか？」とリンクしていることがわかります。

私は途中、ランボルギーニから乗り換えてボーイング社製の飛行機を目指しました。この業界をもっと広げたい、もっとたくさんの人を幸せにしたいと、エンジンの大きな飛行機で、今まで以上の仕事をする！　拡大していく！と決めた後、仕事漬けの毎日になり、人と会う時間が増えた分、自分の時間がなくなり、疲弊しました。

人と比べて、誰かの乗っている乗り物がカッコよく見えても、乗りこなせなければ快適ではなく、手に余るだけ。自分がどのように生きていきたいかは自分で決めることができます。

エネルギッシュで行動力がある生き方も、のんびりと気ままに過ごす生き方もどっちも素敵だし、スピード感があるほうが好きな人もいれば、ゆっくりが好きな人もいる。たくさんの人と一緒にいることを好む人もいれば、最低限の人数やひとりを好む人もいます。

全部正解！

スピードも、成し遂げることの大きさも、自分で決めたらいい。生き方は他人と比較するものではありません。どんな乗り物が好きか？という問いは、自分にとって何が快適かを考えるきっかけになるのです。

なので、むやみに誰かと比べて焦る必要はありません。

自分がどう生きたいかを知ることが大事。

さて、あなたはどの乗り物でしょうか？

14 気持ちよく持ち続けるか、潔く手放すか

特定の行動を見ると心がざわざわすることってないですか？ 例えば、みんなで話していると、いつもある人が中心になり、その人の話ばかりになってしまう。

Aさんは今でも両親からお小遣いをもらっているらしい。

Bさんはいつも残業をしないで帰ってしまう。

などなど、私たちはある行動を見ると心がざわつきます。このざわつきは、皆同じわけで

はありません。私のざわつきとあなたのざわつきは違います。ですが、あなたがざわっとする時は、大抵同じような行動や行為を目にした時です。

相手を見てざわざわすること。これは、本当は自分もそうありたいと羨ましく思っていることや、自分がやりたいのにやっちゃいけないと思っていることが多いのです。やりたいことなのに蓋をして、相手を批判ばかりしていては、絶対にその願いは叶いません。

これらのざわつきを手放すためには、まずは受け入れること。「ああ、私、羨ましいんだな～」。そしてただ素直に、「いいな～、私もああなりたいな～」と思う。あるいは、「ああ、私はこうするべきだと思っているんだな～。だけどこの気持ちって必要？　よし！　この執着は手放そう」と決意する。

気持ちよく残すか？　それとも手放すか？　決めることです。

片付けの要不要判断と同じ！　持つと決めるなら気持ちよく持ち続ける。持たないと決めたなら潔く手放す！　こうすることで、常にいいエネルギーの状態を保持することができ、ざわつくことがなくなります。すると自分に素直になった分、本当の望みや願いが頭に描きやすくなり、それらを手に入れやすくなる！　そういう仕組みが私たちにはあるのです。

さあ、ざわざわした時がチャンスです！

15 現状が今のあなた

「エゴ」とはラテン語の「私」という意味ですが、自分の利益を最優先する「利己主義：エゴイスト」を短縮して「エゴ」といわれることが多く、あまりよくない意味で捉えられていますよね。

そんなエゴ。

私が知ってるエゴの代表は、過去の私です。
私はエゴの塊だったと思います。
今でも、まだまだちっちぇー、まだまだ利己的だ～！と思うこともたくさんあります。
一生かけての課題なのかもしれません。

一般的にエゴを感じる時は、

- 自分の意見を押し通す。
- 自己中心的である。
- 自分の考え方ややり方への執着が強い。
- お前なんてどうせできないんだろ?的なマウント（自己否定感の強い男性から女性はやられがち）を取ろうとする。
- 相手の状況や背景を見ずに、自分が伝えたいことを伝える（これは、何かしらの専門家に多いです。正しいやり方はこれだから、あなたはダメなんです！というような言い切り）。

エゴって、自分勝手で一見、オレ様な感じですが、実は自己肯定感がとても低い人に多いと感じています。

低いから誰かを蹴落としたり見下したりして、自分を高いところに置き、大丈夫という位置確認をします。

そう、**自己肯定感が低い人こそエゴになりがち。**

えー？　逆じゃないの？

自己肯定感が高いからじゃないの?と思うかもしれませんが違います。

自己肯定感が低い背景には、「本来、自分はもっと高いレベルにいなくてはならないのに」

と決めつけた基準があります。そこに至っていないから自分を肯定できない、自己肯定感が低くなる。

そもそも、オレは、私はこんなんじゃないのに、ってところがすでにエゴ。

高いか低いかという時点で、誰かや世間との比較が始まっています。

「現状が今のあなた」でしかない。高いも低いもない。

それを認められたらゼロスタート地点に立つことができるのですが、心の中で、何かが不足している、私はマイナスレベルであると思っていると、マイナススタート。やっぱり私はダメだという事実を引き寄せます。

引き寄せの法則とは、いいことだけではなく悪いことも引き寄せるのです。

まずは、ゼロスタート地点に立つこと。

そのためには自分自身を受け入れること。

そこからいい行動を積み重ねれば、必ず自分を信頼できるようになります。

まずは、すべてまるっと事実を認めることから始めましょう。

16

あなたのせいじゃない

例えば、子どもの頃、「ママ、今日はこんなことがあってね」と話しかけると邪険にされた記憶。そういった他愛のないことが子どもの記憶として残ることがあります。母は私が可愛くなかったんだという思い込みの裏側で、その日はただ頭痛があって調子が悪かった母がいただけといった状況が多々発生しているものです。つまり、事実と異なる**刷り込まれた思い込みが、知らない間に私たちの人生の基盤になっていることがあるのです。そして、それはとても厄介な事象を起こし続けます。**

私が二度目のがんになった時、その思い込みと向き合うことになりました。「なぜ私はがんになったのだろう？」「どうして右胸を失うほどの痛みを味わう必要があったのだろう？」。そう考えている時、**「なぜ私の周りには不機嫌な人が多いのだろう？」と疑問が湧きました。その不機嫌な人たちから受けたストレスが、ずいぶんとあったと感じていました。**

夫は不機嫌になると、私に返事をしなくなったり、無視したりすることがありました。

「私がまた悪いこと言っちゃったんだ」といつもビクビクしていました。

スタッフにも、いつも文句ばかり言っていて、何だか機嫌の悪い人がいる。なぜ私の周りには不機嫌な人が多いのだろう？

手術後、家で療養している中、久しぶりに外に出て犬の散歩をしながら歩いていた時のことでした。そんなことを考えながら歩いていると、私の頭の中に映像が浮かんだのです。

まだ小学校の低学年頃の私。

その頃、住んでいた静岡の家。

母が機嫌が悪くてイライラしていた。

「また尚ちゃん、何かしちゃったんだ」

そう思っている状況が見えたのです。

確かに、小さい頃、母は機嫌が悪いことが多くて、そのたびに「あ、また私が何かやったんだ」、そう思うことが多かった。その記憶がありありと頭の中に映し出されたのです。

その時、不思議な体験をしました。

「違う、あなたが何かをしたのではない。お母さんだって時に機嫌のひとつも悪くなる、自分にイライラする時もある。もしかしたら生理中だったのかもしれない。違う、あなたのせいじゃない」

そんな言葉が浮かんだ途端、私の体の中から、何かが天に、宇宙に向かってすごい勢いで上がっていきました。

そこから私の人生の新しい章が始まりました。

不安や恐怖のない世界がやってきました。

その日、私は夫に、「不機嫌な態度を取らないで」と言いました。すると夫は「そんなつもりはなかったけどごめんね」と。

スタッフにも「そういう態度はやめてほしい」と言いました。

それまでは全部自分のせいだと思っていたからか、お前のせいだと言われるのが怖かったからなのか、本音で聞くことができなかったのです。

私の中の思い込みが外れたこの日を境に、私の人生はどんどん好転し始めました。

Chapter 2

持ち物を整える

| 取捨選択で人生を豊かにする |

私たちはたくさんのものを持っています。

物質的なものだけでなく、時間や才能、お金や見た目。

どんなモノやコトを持っているのかは、私たちの未来に大きく影響します。

特に、お金に対して抱いている感情、人生そのものになる時間の積み重ね、第一印象の55%を占める見た目、普段口にしている言葉、あなた自身を映し出す家は重要です。

つまり、持ち物を変えれば、あなたの生き方は変わります！

17 お金はある！

仕事上、個人のお客様からお金をお支払いいただきますが、その際こんなお声をいただくことがあります。

「講座を受けたいけど、お金がないので諦めます」

また、開講している起業塾には、「お客様からお金をいただくことに罪悪感を覚えるためセールスができない」という方もいらっしゃいます。

これをお金のブロックといいます。

かくいう私もお金のブロックがありました。

私は片付けのプロの平均単価である1時間５０００円が高いと思ってしまい、そんな大金をいただくなんて無理、そんなにいただいては大変！と思ったんですね。

会社の経営が軌道に乗り、もっともっと売上を伸ばそうという段階でも、これ以上、売上を伸ばすと自分が大変になると感じ、そうしませんでした。

さて、皆さんはお金にどんなイメージをお持ちですか？

お金の三大イメージは、

①お金は悪い。

②お金は大変。

③お金は怖い。

でしょうか？

①の「お金は悪い」は、幼少期に親が言っていた言葉、「お金の話をしちゃいけない」とか、ニュースで見た保険金殺人事件とか、いろいろなところで外部から得ている情報です。

お金は本当に悪いのでしょうか？　お金はあなたを引き止めるものか、あなたを成長させるものか？　いらないものか？　考えてみてください。

②の「お金は大変」。私はずっとこれが自分のお金のブロックでした。最低賃金以上いただくとなると、責任が重くなる、完璧でないといただく権利がない、自分の時間や労力を切り売りして苦労しなければならないという感覚があり、お金は苦労して得るものという感覚が強かったのです。

③の「お金は怖い」。これは、お金は使ったらなくなってしまうという感覚の強さですが、自分に価値がないと感じている方が抱いていることも多いです。「支払う金額に見合わない自分」という感覚です。自分には稼ぐ素質がないと決めつけてしまっているなど、自己肯定感の低さがそう思わせてしまうのです。このような場合は、お金のブロックを外すと同時に、セルフイメージを上げる必要もあります。

これらのブロックを外すには、今この瞬間から「お金はある」と認識することが大切です。今、この本を読んでいるということは、この本を買っているわけですから、少なくともこの本を買えるお金はあったわけです。今日の晩ごはんに困っているような方はこの本を読んでいる時間などないはずです。皆さんにはあるのです。

「お金はある！」と決めた途端、お金の流れというのは変わっていくから不思議です！

18

お金大好き♡

お金をよく使う母を見ていたため（笑）、結婚したての頃、「この金銭感覚では今後暮らせない」と思い、とても真面目に家計のやりくりに取り組んでいる母の妹である叔母にお金の使い方を習ったことがありました。ですので、金銭感覚は至極真っ当と言えるのではないかと思います。

結婚して最初の10年は家計簿をつけていました。何でも三日坊主なので、まとめて書いたり、ぐちゃぐちゃになったりすることも多かったのですが、変に完璧主義なので、月末になると家計簿の収支を合わせるために、夫に「３円ちょうだい」とか「１０５円くれ」とか言って、何のための家計簿?とよく言われていました。

年末には必ず残金を出して、去年一年で前の年より増えているかどうかだけ確認するようにしていました。何はなくてもこれだけはやることをおすすめします。

細かいことはできないですし、投資も寝かせっぱなしですし、あまり大そうなことは言えませんが、増えていればよしとしていました。

が、しかし、根本的に、前述した「お金は大変」というブロックがあったので、起業家としての成功につながったのは結構、年月が経《た》ってからでした。売上予算を上げようと思うと、どうしても大変になる、また時間がなくなる、気持ちに余裕がなくなる、体を壊す、なんて思考が働くのです。

それに、本当はお金が好きなのにお金が好きと言えない自分がいました。どこかに「お金は悪い」という気持ちもあったのではないかと思います。

そのため、自分がこの程度と決めた金額しか稼げないという状況が続きました。なぜだろう?と思った時、このお金のブロックと向き合うことになったのです。

自分にはこういったお金への思いがあるんだなあということを理解して、それは本当？と常に自分に問いかけました。お金は悪い？　そんなわけがないです。お金は私たちの生活を豊かにしてくれるし、お金があれば美味しいごはんを食べられるし、子どもたちの教育費にもなるし、いいことしかないはずです。

お金を得ることは大変？　それは私の仕事のやり方に問題があるのであって、例えば、収益を上げるにあたり、スタッフたちを説得するのが面倒であるとか、固定収入がないとか。ですので、それらの問題を解決することにしました。

このお金のブロックを外した頃、現れたのがお金大好き星人たちです。ある素敵な経営者さんは、いかにお金が大好きかを私に語ってくれました。ある立派な経営者さんは、「ほら、俺ってお金大好きじゃん？」ととても簡単にお金が好きだと言うのです。それでいてあまり執着もしていなくて、とっても軽やかにお金と付き合っている。そういう方は皆さんお金に好かれているんです。

私もお金は大好き！　お金があると嬉しい！　そんな思いで過ごすようになりました。するとと、以前のように大変な思いをすることもなく、スルスルとお金に恵まれる機会が増えました。

19

今日からお金大好き♡　そう決めてください！

お金は気持ちよく使う

決して言わないほうがいい言葉は「お金がない」です。

「お金がない」と言った途端に、お金がないという現実が皆さんの前に現れてしまいます。何度も言いますが、思考は現実化するので、決して言わないほうがいいのです。

パーソナルスタイリストをしていた頃、お客様のお宅に伺って洋服を拝見する機会がたくさんありました。洋服にかける金額はさまざまでしたが、その頃よく聞いていたキーワードが、「ユ〇クロしか買えない」でした。私は「ユ〇クロしか」という言葉にとても違和感を覚えました。

ユ〇クロは品質がよく、そのうえ安くてとてもいいブランドなのに、なぜ「ユ〇クロしか」といった言い方をするんだろう?と思いました。私には高い＝いいものという感覚はありませんし、安くてもいいものはいっぱいあると思います。

「高いがいい、安いは悪い」と決めつけてしまってるんだなあと感じました。


なのでお客様には、「ユ〇クロはいい、そう思いませんか?　私も何か欲しいと思った時まずユニクロに行きますよ!」とお伝えしていました。こんな素敵な値段でこれほど良質なものを作ってくれてありがとう!　そう思って過ごすのと、これしか買えないと思って過ごすのとでは大分違うと思いませんか?


また、たくさんのお宅の中を見る仕事なので、お金がないと言いながら、無駄な(失礼)買い物ばかりしている方の多いこと!

それを着ていたらどんな効果があるのか?　それにお金を使ったらどんなメリットがあるのか?　私は、それが一時的な自己満足であるもの、循環しないものにはお金を使わないと決めています。すべてお金を使う効果、つまり費用対効果で考えます。

商品の価値は値段ではなく、どのような結果につなげられるかで決まります。値段は判断基準にはなりません。あなたが気持ちよくエネルギーを回せることに使えるかどうかです。

これを食べたら私の体が喜んでまた仕事を頑張る。
これに使ったら、子どものよりよい成長につながる。
この使い方は誰かの幸せにつながる。

こんなふうに循環する使い方が好きです。

また、お金を支払う時は気持ちよく支払うと決めています。お金はエネルギーですから循環します。気持ちよく支払うことで、また気持ちよく私のところに戻ってきてほしい！　そう思って、どんな時でも気持ちよく支払います。

20 「自分でやって」

あなたは忙しい人ですか？　時間に追われていますか？
私は常にあと1時間、あと2時間あればやりたいことができるのにと思っていました。
ですが、残念ながら時間は一日24時間。これは全人類に与えられた公平な資源です！

その24時間、その1秒の積み重ねが私たちの人生です。
ですから、時間を何に使っているのか？は非常に重要です。

私はたくさんのママと話をする機会が多いのですが、同じ3人の子持ちワーママでも上手にやりくりしている人もいますし、疲弊している人もいます。この差は何なんだろう？と思うと、上手にやりくりしている人は、自分の時間を大事にしている、そして、何かをしてあげることで自分の価値を上げようとはしていません。

子どものために、夫のために尽くしてあげなきゃという気持ちがないんですね。
「自分でやって〜」と言うのがとても上手、「私がやらねば」が少ないんだなと思いました。

私自身、子どもたちへの過保護、過干渉な時期を経て、私自身の時間を大事にするようになりました。子どもが小さい頃は、週末のほんの1時間を私にちょうだい！と夫に話して、お風呂にお気に入りのバスソルトと、好きな本、お酒（真似する方は自己責任でお願いします〈笑〉）を持ち込んで半身浴を楽しんでいました。その束の間の自分時間を大事にするようになり、その時間がそのほかの時間も豊かにすることに気づきました。自分を大切にする時間が誰にでも必要です。

子どもが小学生の頃から家のことを任せて旅行に行くこともありましたし、仕事が忙しく自分の時間が持てなくなると、時にホテルステイなどもしています。**そのために家を整え、各自が自立できる仕組みも作りました。**

ママになると子どものために時間を費やさねばならないと思いがちですが、それをしすぎてしまうと40歳を過ぎ、子どもが自分たちの時間を大事にするようになってから、喪失感を覚えるようになります。友達もいない、やることもない、私って一体何のために生きているんだろう？　そんなふうに感じている人たちがたくさんいます。

自分の時間を諦めるのは人生を諦めるのと同じです。自分がいなくても成り立つ仕組み作りは、自分のための時間作り。さらに、周りの自立を促します。一石二鳥です！

21 それぞれの時間で夫婦円満

夫婦でお互いの時間を大事にしています。夫の時間と妻の時間。夫婦一緒に過ごす時間ではなくそれぞれの時間です。

結婚したての頃、夫が飲みに行ったり遊びに行ったりするのが許せない！といったことを周りから聞く機会がとても多かったです。私は仕事で飲みに行くということは、周囲に気を遣ったり、接待の目的があったり、楽しいばかりではないことを知っていましたから、飲み会お疲れちゃん！と気持ちよく送り出していました。

また、夫が友達と飲みに行く時間も大事にしていました。その頃、私は子育て真っ最中で、飲みに行く時間なんかありません。だけれどもそれは、いつか私も行くぞー、その時に気持ちよく出してもらえるようにという戦略でした（笑）。それに老後、何もやることがなく、夫にずっと家にいられたらたまらない。なので、じゃんじゃんバリバリ出かけてもらいました。お陰で夫は友達に恵まれているようです。

あれから20年ほど経った今、私のほうが遊んでばかりです。戦略通り（笑）。夫婦であっても、それぞれの時間は大切にしたほうがいいと、今でも思っています。それが夫婦が仲良く過ごすコツかもしれません。

お互いに依存し合ってしまい、中年を過ぎてから、「夫の昼ごはんを作らなきゃ」「夫がレンチンを嫌がる」「時間通りにごはんを出さなきゃいけないから、なかなか家を空けられない」なんて声も間々、耳にします。もはや、夫の家政婦状態になってしまっているケースも実は少なくありません。

いつ、どちらが先に逝くかもわからないのですから、お互いに自分のことは自分でできるようにしておくことも必要ですね。

22 私の時間も大事、あなたの時間も大事

子どもに振り回されているな～と思ってしまう人が多いです。子どもがこう言うからと、子どもに従っているような方も大変多く見受けられます。

お子さんももちろん大切ですが、お子さんからも大事にされるママであってほしいと思います。

親子は、お互いを大切に思い合うことが重要ですから、そうあるようにママ自身がしっかりと家族を教育することも大事です。

「今はママの時間だから少し待っていてね」
「次にあなたの時間を取るから今はよろしくね」

と、**ママの時間も大事にされるものであることを伝える必要があります！　子どもを優先して自分は犠牲に、なんて思う必要はないのです。**

海外では（ひとくくりにしてしまいますが）、子どもは一緒に行けない場所や大人だけの時間がはっきりしていて、シッターを雇うこともありますね。**いい意味でも悪い意味でも、日本はそこに境がなく、子どもの優先度が高くなる傾向があります。**が、しかし、子ども扱いすることなく、親に必要な時間もしっかり守られるほうがお互いのためにもいいと思うので、子どもの頃からその点をしっかり伝えておくと、人としても成長があると思います。

私は起業したために家にいる時間が少なかったので、子どもに対し申し訳ないと思うこともありましたが、大切なのはＤＯではなくＢＥ。一緒に何をするか（ＤＯ）だけではなく、私がどうあるか（BE）、と考え、子どもたちの存在をどう受容するかを大切にしました。

ひとつだけ決めていたことは、2ヶ月に一度の一日を娘のためだけに使うこと。ママとクッキーを一緒に焼きたい、お買い物に行きたい、遊園地に行きたい。そんなやりたいこと、したいことに丸一日付き合う。

なかなか時間が取れない日々で、寂しい思いもさせたかもしれませんが、この時間は彼女にとってもきちんと記憶され、今でもそんなふうに時間を取ってくれたね？なんて会話にもつながってます。

私の時間も大事、あなたの時間も大事。

親子がそれぞれの時間を侵害し合うのではなく、お互いの時間をリスペクトできたら、もっといい〝一緒にいる時間〟を過ごせます。

23 外見は無言のメッセージ

見た目で人を判断してはいけません。そう言われて育ちませんでしたか？
ですが人は見た目で判断します（笑）。
ならば先手を打って外見を味方につけたほうが得策です。

メラビアンの法則をご存知ですか？　第一印象の55％は視覚で決まるというものです。

50歳近くになると、おじさんだかおばさんだかよくわからない人になってしまう、なんてことは、私たちの親世代に比べると大分減りましたが、見た目の美しさを意識している人と意識していない人の差は、大きく出ます。

私は、見た目は美しいほうが絶対得をすると思っています。もともと顔が美しいとかスタイルがいいとかそういうことではなく、その場に合った身のこなしであったり、周りを明るくする振る舞いであったり、気遣いの外見も必要だと思います。

また、**笑顔がいかに美しいか？　これも大切にしたいと思っています。**お店でいい席に案内していただけたり、はじめましての時に印象に残り、その後、いいお付き合いが始まったり（異性に限らずです〈笑〉）、お付き合いの幅も広がります。

昨年、75歳近い母とパリに行きました。母は何度となく行っていますが、久しぶりに行ったパリの数回しか行ったことのないお店で、「お久しぶりです」「お元気でしたか？」と声をかけられることが多いことに驚きました。

母はその年齢とは思えないほど外見に気を遣い、頭のてっぺんから爪の先までとてもきれいにしています。そして気の利いたコミュニケーションを取ることも上手です。ですから、海外の数回しか行ったことのないお店の方の印象にも残るものなんだなあ、私も見習いたいなあと思いました。

買い物をするとたくさんサンプルをいただいたり、いい席にご案内いただいたり、サービスでデザートをいただいたり（笑）、いろいろ恩恵にあずかっております。ものが欲しいわけではありませんが、**相手にそうしたいと思わせるような見た目というのは、いくつにな**

っても大切だなあと感じるエピソードでした。

好きな服を着たらいい

24

前項の話からは少し矛盾を感じられるかもしれませんが、ある程度の年齢になったら好きな服を着ればいいと思います。

パーソナルスタイリストとして何年も仕事をし、何冊かの本も出版させていただいた身としては申し上げにくいですが、似合う色も似合う洋服の形もあまり関係なく、好きな服を着ているのがいちばんいいのではないかと思うのです。

もちろんパーソナルスタイリングの知識があれば上手に着こなせます！　が、正しい色、正しい骨格を意識しすぎると、服選びが苦しくなることもあるので注意が必要です。

正しい服ではなく、着ていて気分がいい服が正解です。

心地よい服だなという気持ちを大事にしていただきたいなと思います。

好きな服、好きな色って、ある時点から「あなたらしい服、あなたらしい色」って言われるようになるんですよね。それがカラー診断の結果や骨格診断と違っていたとしてもです。

だけど、好きな服がわからないという場合には、プロの力を借りれば、その後のオシャレが楽しくなるかもしれません。

私自身は、Something new & Something old、甘いとハンサムなど、対比するものをコーディネートの中に組み込むのが好きです。20年前のアイテムと、最近買ったものを組み合わせたり、レースにミリタリーを合わせたり。

また、アクセサリーはたくさん集めています。服はシンプルなものが多いので、アクセサリーでアクセントをつけます。

どんなスタイルが私らしくいられるのか？　正しさではなく楽しく選びたいですね。

25 その服で元カレに会えますか？

子どもが生まれた20年前、体形が変わってしまい、何を着ても似合わなくなり、飲んだミルクを吐くことも多かった息子だったので、洗える素材で無難なグレーを着ることが多くなりました。

おむつを替えて手を洗ったり、洗面所の前を通ったりするたびに、鏡に映るひどい顔の自分に、どんどん気持ちが荒《すさ》んでいったことを今でも覚えています。

洋服が好きだったはずなのに、どうせ何を着たって同じ……とやけのやんぱちになっていましたが、もう一度自分を取り戻そうと、洋服から変えていきました。

洋服に困ったことがなかった私が、洋服に困ったことがきっかけで、「何を着たらいいかわからない」と嘆いている人たちはこんな気持ちだったんだなと理解できました。そこからパーソナルスタイリストにもなったわけなのですが、その頃出会ったお客様たちによくお伝えしていた言葉がこちらでした。

「そのコーディネートで元カレにばったり会ったらどうでしょうか？」

誰にどう思われるか？のために洋服を着ているわけではありませんが、どうでもいいと思ってしまっているならば、この質問は有効です。

人間いつどんなチャンスがあるかわかりません（笑）。どんな時にも備えておく。備えてある防災アイテムの使用頻度よりも高い確率で、チャンスは訪れるかもしれません。

久しぶりに昔の友達にばったり会ったり、私の場合は読者さんに声をかけられることもあります。

下着も同様です。昔はイタリア製などの素敵な下着を身につけていたのに、子育てが終わる頃にはよれよれの下着ばかりがチェストの中にあって途方に暮れました。

もしこれで事故にでも遭ったら、この下着で救急車に乗るのか……。それは避けたい

（笑）。

何よりも、自分が豊かな気持ちでいられることを重要視して服を選んでほしいなと思います。基準は自分が心地よいかどうか。身につけるものなので特にね！

26 その眉毛、大丈夫？

ありがたいことに、学生時代、私に眉毛の描き方を教えてくれたメークが大好きな友人がいました。その友人はその後、メーク関係の仕事につき、コンテストに入賞するなど素晴らしい活躍を見せました。

そんな彼女からメークの真髄を教わっていたので、メークが上手ですねと言われることも多かったです。なかでもこだわっていたのは眉毛の描き方でした。

毎日、その友人に眉毛を見てもらってアドバイスされていたので、自然と上手になりました。**眉毛は顔の額縁といわれるほど、その形によって顔は違って見えます。**

私たちアラフィフ世代は特に、安室ちゃんの影響で細眉にした人が多かった世代です。おばちゃんになっても安室ちゃん状態の眉毛の人ってまだいますよね？　弓なりのすごい角度になっている眉毛の人もいますよね？　**もうすでに時は令和なのに眉毛が平成。これは痛いです。**

また逆に、若い子たちのメークで流行ったからといって太眉ブームに乗り、めちゃぶっとい眉毛にしていた知り合いは、周囲から非難ゴーゴーでした（笑）。

眉毛を描くのが苦手なら、賛否両論ありますがアートメークをするのもいいし、今は眉毛の描き方をオンラインで教えてくれるレッスンも多数あります。眉毛を変えるだけで顔は変わります。

今のあなたに合った眉毛を手に入れること！

小さなパーツだけど、表情は大きく変わるから大切に。

27 言葉はあなた自身

言葉は「言霊《ことだま》」というくらいで、口にしたことは本当に起こるなどといわれますし、口癖というのはその人の人格を表していますよね。

どんな言葉を普段よく口にしているでしょうか？　あなたの口癖はどんな口癖ですか？

ママの三大口癖は、

早くしなさい。
勉強しなさい。
片付けなさい。

これらはすべて命令ですね。

講座のワークで口癖について考えていた時、そういえば夫の口癖ってなんだろう?と思ったんですね。すると、浮かんだのは、

明らかに。
間違いなく。
絶対に。

これらの言葉は断定です。

これらの言葉を使われると、私の中でイラッとすることがよくありました。
さりげなく、「今ワークを考えていたんだけど、あなたの口癖ってこれよね?」と言うと、そばにいた子どもたちが、「うん! よく言っているよね!」と賛同(笑)。

し〜ん……となりました。

夫はしばらく黙って、

「それまずいじゃん……」

とひと言。

「多分会社でも言っていると思うよ、家で連呼しているもん」と伝えたその日から、それらの言葉を一度も聞くことがなくなりました。

後から聞いてみると、それらの口癖はいいものとは思えないと理解できたので、その瞬間から口にするのをやめたそうです。

口癖に限らず、口にする言葉はネガティブな言葉が多いのか、ポジティブな言葉が多いのか？

批判的なことばかり言っていると批判的な人になります。

愛や感謝の言葉を口にしていたら、未来は明るくなっていきます。

言葉というのは良くも悪くもあなたを変えていきます。言葉があなたの人生を創り、それが世界を創っていく。

さて、どんな言葉を増やしましょうかね？

28 「じゃあどうする？」

２０１０年頃、私の心の中での口癖は**「何で私ばかり」**でした。暗っ！　ネガティブ思考でしたし、根暗でしたし、口にする言葉もよくなかったと思います。これって、イメージ的にも過去を見ていて、不平不満が溜《た》まっていて、いつも怒りを感じている印象ですよね？　毎日毎日湧き上がるこの言葉、口にするわけではないけれど、頭の中で声がする。**脳内セルフトークやリトルボイスと呼ばれるものです。**

ほかにも、「どうせ私なんか」とか「どうせ無理」とか、かなり根暗だったんです。

「これってマイナスのほうに働くけれど、何も生み出さない言葉だな」ってある日思いました。この言葉を別のものに換えたら、私も変われるんじゃないかな？って。

何で私ばかりと思うだけではなく、どうしたら家族もやってくれるんだろう？

どうせ私なんかと思うだけではなく、どうせ無理と決めつけるのではなく、どうしたらで

きるのだろう？

そう思った瞬間に、自分の口癖を「じゃあどうする？」に換えたのです。

「じゃあどうする？」は成長を促進します。できることを考えます。ですので、この言葉に換えた途端、イジイジと恨み辛みを感じていた私を成長させてくれたのです。

私ばかりがやっていて嫌なことを、家族にもお願いしてみました。すると思っていた答えではなく「は～い」「いいよ～」などの前向きな言葉が返ってきたのです。

どうせ無理と決めていたことも、何かできることを探そうと、ハードルを下げて越えてみる、するとまた次とばかりに、どんどんできることが増えていったのです。

脳への質問を変えると、脳はその理由を勝手に探し始めます。

「私ばかり」と思う時には「私ばかり」と思える理由を探し、「どうしたらできる？」と聞けばできることを探すわけです。

口癖をいいように換えてしまえば、自分の思考は必ずそれに呼応してくれます。

ぜひ今日から、口癖は「じゃあどうする？」でいきましょう！

29

幸せはあ・す・だ・な

素敵な言葉を口にしたほうが、幸せが加速しそうだな～とは思ったものの、なかなかそれを習慣化するには時間がかかる。また怒っちゃったよ、また怒鳴っちゃったよ……。最初はそれに気づくだけでよし。そのうち少しずつ、愚痴やネガティブワードのリトルボイスを聞く機会が少なくなっていく。これもトレーニングなのです。

お金がない。
時間がない。
できない。

など、「○○がない」という言葉をよく使っていないですか？　「忙しい忙しい」と言っていると、文字通り心を亡くすなんて言いますね。

３Ｄといわれる言葉は知っていますか？

「でも、だって、どうせ」

これらも言ったところでほとんど役に立ちません。このように言ってもどうにもならない言葉は最初から言わないと決めてしまいましょう。

起業した頃、成功している女性たちの使っている言葉に注目していた時期があります。そして気づいたのです。それは今でも心に留めています。

それは、幸せはあ・す・だ・な。

（あ）ありがとう！

感謝の言葉を皆さま連呼されます。

（す）すごいね！　すごいじゃない！　すごいじゃん！

本人が大したこととは思っていなくても、相手の得意をすぐに見つけてほめてくれます。

（だ）大丈夫！

この「大丈夫」に理由や根拠はないかもしれませんが、言われると、そうか大丈夫……かな？と思えます。

㊨ なるほどね〜。

大した自信もない私の話を、「うんうん」と聞いてくださった時、何度も出てくる「なるほど」という言葉は、それまで私はほとんど使うことがありませんでしたが、共感し受容してもらえたと感じられる言葉だったので、以来よく使うようになりました。今や、我が息子の口癖は「なるほど」です（笑）。

私を変えるのはなかなか大変だけど、言葉を換えてみる！ 効果的です。

30 クローゼットはあなたの鏡

クローゼットは自分が身につけるものをしまうスペース。とてもパーソナルな場所ですよね。

そのパーソナルな場所は、言うならば、あなた自身です。あなた自身が映し出された鏡のような存在です。

今のあなたのクローゼットはどんな状態でしょうか？

整然としていて、何がどこにあるのかが明確。好きなもので溢れていて、ずっとここにいたいと思うほど心地よい場所。そんな人はひと握りかもしれません。

私はこれまでクローゼットオーガナイザーとして数々のクローゼットを見てきました。クローゼットの状態は、リビングなどの公の場所に比べると、かなり散らかっているお家がほとんどです。

散らかっているというより、見た途端、私の胸がキュッとなるようなお宅が多いのです。それはなぜかと言うと、クローゼットが、「私に手をかける時間はない」と、お客様自身の現状を訴えているように感じるから。


とても寂しそうで、疲れていて、やっとこさっとこ、服を着てます。

そんな感じなのです。

洋服は居場所を失い、ハンガーにはかかっておらず、ラックの下のほうに丸めて押し込まれていたり、洋服はどれも昔のもので、新しく新調されたワクワクするようなものは値札がついたまま放置。

私を大切に扱ってほしい。

クローゼットまでが叫んでいるように見えるのです……。

今でもこれを書きながら、思い出して胸がキュッとなります。そのくらい強く、心の叫びのようなものを感じる場所なのです。

クローゼットは鏡ですから、自分を大事にすれば、おのずからクローゼットも大事にし始めます。でも、自分を大事にすることは、口にしてもなかなか難しいんですよね。

だからこそ、難しいと感じるのであれば、まず鏡であるクローゼットをきれいにしてみてください。自分にとって好きな洋服、着心地のいい洋服だけが並んでいて、出し入れがスムーズで、見た目が軽やかな、そんなクローゼットを作ってみてください。するとあら不思議、自然と自分を大事にし始めるのです。

すべての幸せの根源は自分を大事にすることです。

クローゼットの片付けを今すぐにやってみてください。できない方は全国の片付けのプロにお願いしてみてはいかがでしょうか？

31 YOU！さっさと片付けちゃいな！

長らく片付けのプロとして活動をしてきましたが、今は起業塾や、女性のための生き方デザインの講座を行っています。仕事は変われど、どちらにおいても家を整えることの必要性を繰り返し伝えています。

起業をするにしても、自分をよりよくするにしても、家が整っていることは必須。家が整っていれば、やりたいことがすぐにできるし、家族が自分のことを自分でできるので、いちいち「ママあれどこ?」と聞かれることもなくなります。時間を生み出すし、精神的ゆとりもできますから、絶対にやってほしいと思います。

私は片付けの現場に行くと、その家の中のどこが元凶かがすぐにわかります。何かを感じるのですが、それは大抵の場合、古いものやずっと使われていないものなど、その役割を全うできずにいるものたちであることが多いです。**これらは波動（エネルギー）を下げるといわれています。運気を下げるのです。**

毎日、家に帰ると、玄関には子どものものが散乱し、ソファに座ろうと思ったら干し終えた洗濯物の山が何日分も溜まっていて、ごはんを作るにも、「あれはどこだっけ? これはどこだっけ?」と時間がかかり、ヘトヘトになってベッドに入ると、視界には高く山積みになったモノたちがそびえ立つ。そんな中では安らぐどころか、イライラするのは当然です。そして、それらが重苦しいエネルギーを発しているとしたら、疲れるのは当然なのです。

「でもさ、片付けるの、時間かかるんでしょう?」↓「何年かけてその状態にしました?」
「捨てなきゃいけないんでしょう?」↓「捨てなくてもいいですが、それ本当に使います?」
「高かったのよね~」↓「それ、今は100円でも引き取ってもらえませんよ?」

く～、きつ～、と思われるかもしれませんが、「部屋が散らかっている」のでしょうか？

いえいえ、あなたが散らかしたんです。

「子どものものがたくさんあってイライラする」→「誰かがうちの中に運び入れているはずです」

子どもが自分で買えるものなんてたかが知れていますから、大人が運び込んでいるのです。

勝手に部屋は散らからないし、勝手にものは増えません。

なので、残念ながら、自分で手を動かして片付けるしかないのです。

住まいというのは、生きることに多大なる影響を及ぼします。そして、心と空間はつながっていますから、家が散らかっているというストレスフルな環境の中で、パフォーマンス悪く、気持ちも落ち着かずに暮らしているのはもったいない！

あなたの未来のために、さあゴミ袋を用意して、手を動かして、そのゴミ袋をいっぱいにしてみましょう！

家事は「仕組み」でみんなができる！

32

家事というのは奥さんの仕事、お母さんの仕事という意識が日本ではとても強いです。

子どもが自分で朝ごはんを用意したり、夫が家事に参加している家も増えてはきたものの、日本はまだまだです。

日本では、戦後の経済復興のために男は外に出て、女は家を守る、ということが推奨されていました。「お母さんが働いているほうが珍しい」という時代を私たちは生きてきました。

今は働いているお母さんが増えてきています。そんな状況の中でも、片付けはお母さんがするものだと思われているご家庭も多いです。

これは家庭内教育が必要であることを自覚してください。

専業主婦のお母さんに育てられ、何不自由なく育った男性の意識は、

「え？　これってお母さんのやることじゃないの？」

です。

我が家も同じでした。朝は妻に起こしてもらうものだと思っていたようですし、家事は女のすることだという意識がとても強かったです。義母は靴を磨いて、バッグを玄関に運んでいって、「いってらっしゃい」と夫を見送る人だったので、それが当然だと思っていたんですね。

今や、右肩上がりに給料が上がる経済的に恵まれた時代ではありません。ですから、そういった〝昭和な〟夫なのであれば、家事をどうするかについて、しっかり話し合っておく必要があります。

我が家では、私が働き始める際に、**「家事は、稼いだ金額で平等に均等に負担する」**と夫に言われました。

でもその時、私は決めたんですね。「もし、私がはるかに夫の収入を超えたとしても、半分半分を最大限とする」と。それは遠慮ではなく、それまで面倒を見てもらったお礼の気持ちからです。

家事の中でも片付けに関しては、まずそのマインドセットの変更も必要ですが、それだけではなく仕組みを作ること

が必要です。

例えば、夏休みになると、子どもたちからの「ママ、喉渇いた」の連発に嫌気が差していました。そこで「じゃあどうする?」です。重い麦茶の容器は軽いプラスチック製に替え、冷蔵庫の二段目の野菜室に置きました。コップも自分で取れるようにして、自分で麦茶を飲めるようにしました。最初のうちはこぼすこともありましたが、「こぼしたらここにある布巾で拭くこと」。ここまででワンセットです。

このように、子どもの成長に合わせて仕組みを作ってきました。「ママ、お腹空《す》いた」も同様に、自分で食べられるよう、自分で作るよう教えてきたので、我が家の子どもたちは何でも作ります。

え? そんなの無理!って思いました?

であればお伝えしましょう。お子さんは、ご主人は、歯磨きを自分でしていませんか?

みんなわかっているからできるのです。

洗面所に行けば歯ブラシがある。

歯磨きの方法を知っている。

歯磨きに必要なものがそこに揃っている。

仕組みさえあればできることであって、仕組みがないからできないのです。どこに何があるかわからないからできないのです。

まずはどこに何があるか？　すべての持ち物を家族みんなで把握するところからスタートしてください！

Chapter 3

関係性を整える

| つながりが幸せを増やす |

33 つながりが幸せを増やす

人生をより豊かにしたいと願うのであれば、よりよい人間関係を作ること。
よい人間関係がある人は、長生きしたり、認知症になりにくかったり、
幸福度が増したりすることが科学的データでも証明されています。
人間のいちばんの悩みは人間関係ともいわれますが、私たちがどのようなあり方で、
他者と付き合っていくのか？という、人間関係の価値観を持つことは大切です。
あなたなりの人間関係の定義を見つけてください。

皆さんは人が好きですか？　人見知りはないですか？

実は私は、対人関係がすこぶる苦手！でした。

何と言ってもええかっこしいなので、人にまぬけだと思われたくないとか、本当は知識がないことを晒《さら》したくないという気持ちが強く、それらを隠さなければいけないと思うと、なおさら人に会うことや知り合うことが億劫《おっくう》でした。

何かの集まりで自己紹介をしなければならないとなると、どんなことを言えばいいのか自分の自己紹介のことを考えるのに忙しく、ほかの方の自己紹介などまるで耳に入らない、そんな人でした。とにかく弱みを晒したくなかったのです。

そんな初めましての場所を楽しむことなどできるわけもなく、いつも緊張感でいっぱいで、知らない人のいるところには行きたくないという気持ちばかりが大きくなるのでした。

パリピ気質に思われるのですが、仕事上、自分が主催したパーティでさえも緊張し、開宴まで誰にも会わないようにトイレに隠れていたというチキンです。

そもそも、中学生くらいから、人と関わると相手を傷つけてしまう、もしくは自分が傷つくというような気持ちが強くあり（これはいじめにあった影響もあるかもしれません……）、いじめられないためにはどうしたらいいか?を考え、私は、一匹狼でいることを選びました。もともとひとりでいれば、ひとりにされることはないのです（笑）。

それでも数人は類友で私のそばにいましたが、正直、私は心を許していませんでした。今思えば、かなり歪《ゆが》んでいますよね（笑）。

そんな私が人とのつながりをもっと大事にしたいと思ったのは、次の科学的データを知ったからでした。

これはハーバード大学の横断研究で、75年以上、史上最も長期間にわたり成人を追跡調査した結果、「私たちの幸福と健康を高めるのはよい人間関係である」ということがわかったというものです。**富でも名声でも、役職でもなく、つながりが私たちの幸福に影響する。**

研究の4代目責任者、ロバート・ウォールディンガー教授はTEDでこう言っています。

「わたしたちを健康に幸福にするのは、良い人間関係に尽きるということです」（TEDトークの字幕より）

ですが、よい人間関係を築き、維持することは簡単ではありません。良好な関係を保ちたいと思う双方に、それなりの努力が必要です。

良好な人間関係は、すぐに手に入るものではない。ましてや、私のように逃げていては一生手に入らないと感じました。

質のよい人間関係は自らが築く必要がある。

うすうす感じていたこともあり、その時から人間関係に興味を持つようになりました。

素敵なご夫婦だな〜と思っていた奥様から言われた、「そりゃあ、努力しているもの！」のひと言に驚いたこともありました。
もともと相性がいいのかと思っていたらそういうわけではなく、互いが心地よくあるように努力しているとおっしゃるのです。

反省です……夫に、
「私に合わせろ」
なんて思っていた自分を恥じましたよ。

老年期になって誰ひとり話す人がおらず、子どもたちにも鬱陶《うっとう》しい存在だと思われたら？お金がどれだけあっても悲しい結末です。「私がずっと避けていた、人間関係を考えてみよう」。

人間関係を避けていた時と、良好な関係を築きたいと思ってからとでは、私の人間関係は雲泥の差です。今はたくさんの人に囲まれ楽しい時間を過ごしていますし、自己紹介もパーティも克服しましたよ！

34

価値観の合わない人が世界を広げてくれる

私のいちばんの問題点は、自分の価値観に合わない人はすべて排除することでした。さらに、その価値観がめちゃくちゃ狭いので、合う人なんているわけがないのです（笑）。

「こうするべき」「合わせるべき」「こうできないなら改めるべき」という、「べきべき人間」でしたから、まずはそこを変えていく必要があると感じました。

価値観が同じ人などほとんどいません。でも、私は価値観が同じ人でないと、一緒にいても意味がないと思っていたんですね。今思えばひどい話です。

かつては、自分が興味を持てない人の話は聞くことすらありませんでした。書いていて本当に恥ずかしいのですが、そういう人間でした。でも、今まで聞く耳を持たなかった人の話を少し聞いてみると、私がその人からイメージしているのとは全く違う世界を持っていることが理解できました。

そこで、今まで聞くことのなかった人たちの話をあえて聞く、ということに集中してみました。学生時代の友人O君はいつも同級生からからかわれている存在でしたが、本人はあまり気にしておらず、集まりがあるとなるとどこからか聞きつけてやってくるのです。

からかわれているというより、ほとんどいじめじゃないか?と見ているこちらは思っていたのですが、本人は楽しそうに集まりにやってくるのです。私とはまるで違うタイプの性格に加え、外見にも気を遣わない彼に、学生時代に興味を持つことは一切ありませんでした。

ですがある時、その彼と話をしてみたのです。子育てに悩んでいた頃でしたから、このメンタルの強い彼を育てたお母さんはどんな人なんだろう?と思ったのです。世間話をしながら彼の趣味について聞きましたが、理解不能です(笑)。いわゆるオタクです。でも、楽しく生きているんだな~と思わず口角が上がりました。そして、どんなご両親なのか尋ねてみると……。

お母様はもうすでに亡くなっており、彼にとっては素晴らしいお母様だったと話してくれました。**いつも応援してくれて、どんな時も味方でいてくれたそうです。**彼のこれまでの人生を支えてきた大きな存在に、彼の強さの源を垣間見ることができました。最後には、「この人、いい人なんだな～」と泣きそうになりました。

この時をきっかけに、もっといろいろな人の話を聞きたいと思うようになりましたし、自分の子育てを本気で変えようと決心しました。

いろいろな人の話を聞いてみたいと思うようになると、そんなチャンスが数々訪れるようになりました。

面白おかしく話せる相手ばかりではなく、まるで違う！と思う人にこそ、話を聞かせていただくことで、思考の幅が広がり世界が広がるな！と感じています。

35 自己理解が他者理解

今思えば、あいつが、あの人が、と他責で生きていた時間が長かったように思います……。

こういう考え方ですと、職場では上司としてパワハラをしがち。その頃はセクハラという言葉はありましたが、パワハラという言葉はなかったように記憶しています。

ですが、今思えば、私の言動はパワハラ寸前でした。自分が思ったように相手が動けないことに、腹を立てていました。未熟すぎますね……。

努力すれば誰もができて当然と思っていました。できないのは努力が足りない。

私自身、仕事においてもＮＯ！と言うことはなく、企業戦士だったと思います。24時間闘っていました……。

努力で何事も克服できる以上、努力するのが当然と思っていたのですが、20年前に子どもが生まれ、片付けはできない、家事はできない、育児もままならない。自分のできなさ加減に向き合うことになりました。こんなにも自分にはできないことが多かったのか？　そういえば昔から、勉強ができないわけではないのに、当たり前のことができないとよく母に怒られていました。

脱いだものはそのまま、食べた食器はそのまま、開けた蓋はそのまま、すべてやりっぱなしのパナシちゃんと言われていました。時間が守れない、いつもギリギリ。実家にいる時には言われてもあまり気にしなかったそれらが、家庭を持つようになって、私の生活を滞らせたのです。

そしてその後、ライフオーガナイザー®となり、慢性的に片付けができないタイプの人がいることを学びました。**発達障害、ＡＤＨＤ、そんなキーワードを聞き、大変な人がいるもんだなあと思ったのも束の間。聞けば聞くほど私にそっくりな症状です。そこで、発達障害に詳しい先生や、発達障害のお子さんをお持ちのお母様方に、「どうも私、ＡＤＨＤに当てはまる気がするんだけど」と尋ねると、みんな明るくこう言うんですね。「うん、尚さんはそうだと思うよ」。**診断を受けようかと思いましたが、他者が見てもそう思う、小さい頃から注意を受けてきたこともまるっきり当てはまる。そんなことから、自分には人とは違う特性があるんだなと気づくことができました。

本当はほかにもできないことがいっぱいあったけれど、母に怒られたくないとか、無能だと思われたくないとか、できない自分を晒したくなくて、隠すために努力していた。だから、努力しないで「できない」と言っている人を許せなかったんだな～と今は思います。

自分にはできないことがたくさんある。
それぞれに強みや弱みは違う。

そう気づいた時に、もっと自分のことを知り、自分の取扱説明書を作ることが必要だと思ったのです。そして、それが人との関係性をよいものにしていきました。

36

家族のコミュニケーションこそ「さしすせそ」

「コミュニケーションが苦手なので……」

とおっしゃる方は多いですね。

ですが、コミュニケーションとは、おしゃべりが上手とか、語彙《ごい》が豊富であるということとは違います。


コミュニケーションとはコミュニス、「共有する」が語源。お互いの価値観を共有し合うことです。

ところが、しているようでしていないのが家族とのコミュニケーション。片付けでお客様の家に伺っていた頃、今後、どんな家にしたいかなど、「ご主人と話していますか？」と尋ねると、ほとんどの場合、家のことについて話すことなどないと言われました。

子育ての悩み、特にお子さんの問題も、「ご主人はどうお考えなのですか？」と聞いても、それについて聞いたことがないというのです。1軒や2軒の話ではなく、80％以上の家庭がそのような深い話はまともにしていませんでした。


家族間では、注意喚起、命令や指令だけで会話がなされ、価値観の共有はほとんどない。

これでは子どもたちもコミュニケーション上手にはなれそうにないなと感じます。

本当は夫にお願いしたいことなども、普段から会話がないので話すことができない。

どうせ理解されないと思って話しかければ、思考が現実化して、理解してくれない夫に遭遇してしまいます。いい話し合いがしたいなという気持ちで語りかけてみてください。


そして、コミュニケーションが足りないな～と思うならば、まずは聞くことに徹する。適度な相槌も必要です。

相槌上手なキャバ嬢の「さしすせそ」を紹介しましょう。


（さ）さすが！

（し）知らなかった～。

（す）すごい！

（せ）センスいい～。

（そ）そうなんだ～？

へ？　くだらない！なんて思わずにぜひ要所要所で使ってみてください。夫だけでなく子どもにも。会社でもかなり使えます。

上手に聞くことができれば、相手は話しやすくなり、普段言いづらかった話などもしやすくなりますよ！

37 誰かの弱みは誰かの強み

一時期、「自分の強みを知る」という言葉をよく聞くようになりました。その時、流行したのが、「ストレングスファインダー④」という自分自身の強みを理解するツールです。

周囲の人たちが診断を受ける中、私は頑なに拒みました。なぜなら、「私には強みなんてない！」と思っていたからです。強みがないから努力をしなければ人並みになれない、そんなふうに思いながらがむしゃらに生きていました。ですが、どうしても尚さんの強みを知りたいと懇願され、ストレングスファインダーを受けた時、私の強みなるものが表されました。

結果を客観視してみると、自分の中にある34ある資質のうちトップにある「内省」という資質。これについては、確かにいつも自分に問いかけ、自分の内を探り、答えを出しています。「着想」という資質も、どうも人よりもアイデアが出やすい気もします。「戦略性」。どのやり方で無駄なく効率的に結果を出すか？を考えることは多いな〜。言われて初めて、私にも強みがあるのか⁉と思いました。

周りの人たちの結果を聞くとまるで違う！　似ている人はいても、トップ5が同じ人はほとんどいません。３３００万通りもの結果になるそうですから、人と自分は明らかに大きく違いがあると理解できました。

そこでようやく、スタッフたちに言う言葉、かける言葉が変わりました。いつも言葉が通じない（失礼）と思っていたスタッフに通じやすいのは、感覚的な言葉ではなく、論理的な言葉だなとか、見通しがつくような伝え方が必要なんだなとか、相手の強みや弱みに合わせて言葉をかけるようにしました。

すると、皆の動きが面白いように変わっていったのです。

私と同じように、アイデアは飛び抜けているけれど最後までやり切るのが苦手なスタッフもいれば、0から1は苦手だけど1を１００に育てるのは得意という人もいる。そうやって自分と他者を理解することができたら、景色が変わりました。

弊社の行動指針に、「誰かの弱みは誰かの強み」があります。

完璧な人なんていない。みーんな凸凹。だから、補い合おうというのがこの指針です。「これ苦手だから手伝って！」と言えたら、言われたほうは自分の強みが使える。自分の苦手なことは、「助けて！　手伝って！」と躊躇《ちゅうちょ》することなく言える。

強みを活かせると幸福度が上がるということは、科学的にも証明されていますから、お互いに補い合うことで幸福度もアップします。

利き脳、ストレングスファインダー、VIA⑤、ウェルスダイナミクス、個性學、他にも古くから使われてきている算命学など、ツールはたくさんありますから、ぜひ自分を知ってください！

④『さあ、才能（じぶん）に目覚めよう　新版　ストレングス・ファインダー2.0』著者／トム・ラス　翻訳／古屋博子

⑤『「24の性格」診断であなたの人生を取り戻す　強みの育て方』著者／ライアン・ニーミック博士、ロバート・マクグラス博士　監修／松村亜里　翻訳／鈴木健士

38

〝身近な5人〟の平均が私

片付けの資格を取り、まずはモノを片付けられるようになりました。そして、次に片付けたのが関係性でした。資格取得後、いちばん大きく変わったのは子育てですが、それは別の項目で述べるとして、自分の周りの人たちとの関係を見直しました。

私たちに平等に与えられた一日24時間を、誰とどのように過ごすかはとても重要です。また私にとっては、内省する時間やひとりの時間も重要だとわかりました。その時間を確保するには無駄な時間は手放す必要があります。

どんな人と過ごしたくないか？を考えてみると、

- 人の悪口や愚痴ばかり言う人。
- 依存性の高い人。

● 人のご機嫌取りをしているコバンザメみたいな人。
● 話題が面白くない人。

などが出てきました。

これまで無理してお付き合いしていたけど、少しずつその時間を減らすことにしました。関係上、どうしてもお付き合いしなければならない場合は、距離を取る、早々に終わらせるようにする。冷たいかもしれませんが、そうしたことにより、時間も精神的なゆとりも手に入りました。

では、どんな人と過ごしたいか？

● 笑顔が素敵な人。
● 自分を楽しんでいる人。
● 常に成長している人。
● 話題豊富な人。
● 面白い人。

そんな方々との時間を大切にしたことによって、生活習慣まで変わっていったように思います。

周りは鏡。あなたがどんな人かは周りを見ればわかるといいます。

一緒に過ごしたくない人の中にいるならば、自分の中にそういう自分がいるということになりますね。一緒にいたい人と過ごすようになり、私の周りには一緒に過ごしたくないタイプはひとりもいなくなりました。

振り返ってみると、以前は同調して愚痴を言ったり、幸せではない話をしたりすると盛り上がる、そんな雰囲気があって、不幸自慢をしていたように思います。

身の回りにいる身近な5人の大人の平均が自分自身だともいいます。

この5人とは、性格だけでなく、金銭感覚、生活習慣なども影響を受けるそうですから、どんな5人と過ごすかによって、私たち自身のあり方も変わるということ!

誰とどんな時間を過ごすか?で人生は創られているのです。

39

ギバーになっても、やりすギバーになるなかれ

ペンシルベニア大学ウォートンスクールの教授、アダム・グラント氏が提唱したこの言葉をご存知でしょうか？

ギバー　与える人
テイカー　奪う人
マッチャー　ギブとテイクのバランスを取る人

ギバー（与える人）こそ成功する時代であると、氏は唱えています。

ギバーというのは、見返りを求めず、誰かのために相手のために注意を払い、手を差し伸べられる人。確かに、ボランティア精神が強かったり、困っている人がいると我先に駆けつけたりする人っていいます。すごいです。

誰かや何かのために心からやりたい！という気持ちと、「これをやったらどう見られるだ

ろう?」という気持ちでは源が違う。気持ちよく与えられる人は幸せが強化されるのです。

テイカー（奪う人）。これは気づかずにやっている人がとても多いです。わかりやすく言えば、その人の持ち物を自分のもののように扱ったり、人の時間を蔑ろにし、平気で人を待たせたりするのもテイカーです。相手よりも自分を優先するし、常に上位であることを望みます。

少し昔の話になりますが、ある美容部員さんは、私のお手入れをしている間中、私を質問攻めにしました。私が起業していることや経営者であることを知っていて、その情報が欲しかったのだと思います。その彼女も起業したかったのです。

「こういうことがあったんですけど、どうしたらいいですか?」「この場合どう考えますか?」。約2時間、リラックスどころか、お金を払ってコンサルタントをしているような状態でした。

それでも、質問には一生懸命答えていたんですね。次第に何だかあそこに行きたくないな～と思うようになって、これっておかしくね?とやっと気づきました（笑）。

横柄で、わかりやすい嫌なタイプならすぐに気づくかもしれませんが、相手から奪うために、愛想よく、相手をほめ称えながら奪っていく。たちが悪いのです……。

本来なら大事にすべき大切な時間を、そうやっていつのまにか相手に奪われていることもあるんだなと気づきました。

マッチャー（ギブとテイクのバランスを取る人）は言うなれば、与えられなければ与えない、やってくれたらしてあげる、してくれたからやってあげる、という位置づけでしょうか。自分が損しないように計算しているところもあります。

私もセミナーや講座などでは、「ギブの精神が必要ですよ！　貢献すると自分に返ってきますよ！」などと言っているのですが、よく考えてみました。私はこんな聖人みたいな人間か？

いいえ、全然違う……。

私自身は、ギバーっぽく振る舞っているマッチャーだと思います（笑）。ボランティア精神もないし、大していい人でもありません。自分が損してまで何かをしようとも思っていません。

ただ、相手が困っている時には、何も考えず即手を貸すし、自分が得意なことで面倒に思わなければ自ら行動することもよくあります。とはいえ、ギバーの精神がないわけではないですが、私はマッチャーです（笑）。

それより、問題なのはやりすギバー（これは私が使っている造語です）。自分を犠牲にして相手に尽くす人。嫌われたくない、よく思われたいという思いでやっていますから疲弊していきます。

あなたはどのタイプでしょう？

40 応援するから、応援される

私はもともと人付き合いが得意ではなかったので、友人はひと握りでしたが、今は多くの友人知人に囲まれています。

ある方が教えてくれたのですが、**「困ったことがあった時、あなたにおにぎりをくれる人は何人いますか？」**そう考えていくとよいそうです。

なるほど……。そういう意味では、私は今、たくさんのおにぎりをいただけると思います

（笑）。私がおにぎりをあげたい人がたくさんいるからです。

まず大事にすべきはあなたを応援してくれる人たちです。

でもね、応援しない限り、誰もあなたを心から応援してくれないんです。

いつもあなたが文句ばかり言っていた夫は、いざ起業したいなんて時に邪魔をします。「ちゃらちゃらブログやインスタなんて書いていて、何が起業だ」とかね。そういう女性をたくさん見てきました。家族が応援してくれないって辛いですよね。

でも、**応援できる自分に変わると、たくさんの応援者ができます。**

夫の釣りやキャンプを応援したり、夫の会社の友人たちのおもてなしを手伝ったり（うちの夫は遊んでばかりの人。遊びの天才なんです（笑））。

子どもも同じ。お友達が遊びに来る時も、お泊まり会も、いつも応援しました。

なので、私が長期出張に行こうが、執筆で缶詰になろうが、家族は文句も言わずに応援してくれます。結果、家族がいちばんの応援団になりました（笑）。

私が推奨したいのは、家族がいちばんの応援団になる関係性です。それがあれば、どんなに辛いことがあっても、疲れることがあっても、家が家族が受け止めてくれるからです。

応援されたければ応援すること！

気をつけるべきは、足引っ張り隊です。何か新しいチャレンジをしようとすると、「そんなことやめたほうがいいよ」「そんなのやっても無駄だよ」「○○さんがやって、意味なかったって言っていたよ」。そんなふうにチャレンジしようとするあなたの足を引っ張る人たち。時に、前述のように、夫や実の母があなたの足を引っ張ることもあるかもしれません。

この人たちは完全に切ってしまったほうがいいでしょうか？
大抵は本気で心配しているのだと思います。切るのは難しい関係かもしれません。その場合、耳は傾けつつも、「ありがとう。気をつけながら頑張るね！」と明るく言い、しばらくは距離を置いてもいいと思います。

でも、マウントを取ってくるような人は、あなたが幸せになるのを許せない人ですから、さっさと関係を手放しちゃいましょう！

41

普通なんてない

息子を育てる日々の中、「この子はほかの子とちょっと違うな」と感じ始めました。寝ない、食べない、そして感受性が強い、夜泣きもひどいし、かんの虫も強い（本気で宇津救命丸を飲ませていました！）。ママ友からも、「何だか大変そうだね」と言われることが多く、ちょっとも落ち着いていられないので一緒に出かけることが恥ずかしくて、いつも2人で引きこもっていました。

初めて行った海外旅行では、飛行機の中で母の睡眠薬を本気で飲ませようか悩んだほどです（笑）。

どこに行くにも大きな声で騒ぐし、気に入らなければデパートでもひっくり返る。昔、そんな子を見ると母が、「どんな育て方しているのかしら？」と言っていたので、私の子育ては間違っているんだな〜と、泣き喚《わめ》く我が子を見ては自分の無能さを再確認する日々でした（注意：子どもが大声で騒ぐなどは育て方の問題ではありませんから〈笑〉。安心して！）。

いつも私が願っていたのは、〝普通になってほしい〟ということ。


普通に食べてほしい。

普通に飲んでほしい。

普通に遊んでほしい（友達の家に行くと、まず、すべてのおもちゃを箱からひっくり返して出すので、お母さんは目が点になる。でも子どもたちは普段許されていないことをやってのける息子に大喜び〈笑〉）。

普通に仲良くしてほしい（噛《か》みついたり、おもちゃをぶんどるのはやめてほしい）。


毎日願っていました。

でも発達障害というものを知って、息子にもその傾向があるんだなと理解することができ、子育ては変わったのです。


普通ってなんだろう？

いい子ってなんだろう？


食べ物はよく噛んで、何でも食べる。

誰とでも仲良くして、みんなに好かれる人でありなさい。
嫌なことがあっても我慢して、堪《こら》えてその場を凌《しの》ぎなさい。
勉強はよく行い、それなりの学校に行きなさい。
親のことは敬い、反抗なんてしない。
愛想よく、いつも笑っていなさい。
運動もそれなりにできる子になりなさい。

そんな大人いませんよね（笑）。

私もこの子も普通ではないし。
普通やいい子という定義は誰が決めているんだ？
そう思えた途端、少しずつ子どもとの関係性が変わっていったのです。

違いに気づくことができず、枠にはめようとすることで、いちばん大切な子どもの自信を奪い取ってしまいます。期待よりも信頼のある関係を築くよう意識して、子育ては変わりました。

42

いくらでも失敗したらいい

「ちゃんとしなさい、きちんとしなさい」と言われて育ったからか、子どもにも「ちゃんとさせなきゃ」という気持ちがとても強かったです。ですが、私の理想の子育ては木《こ》っ端《ぱ》微塵《みじん》に消え去り、悩みしかない子育てが始まったわけです。

イライラの連続で、手を上げたこともありました。
ひどい言葉で罵ってしまうこともありました。

それでも、きちんと育てなければという、もはや強迫観念のようなものを感じ、高額な英語教材を買ってみたり、地元では良家のお子さんが多いといわれる幼稚園に通わせたり。ですが、どれも撃沈に終わりました。

英語の教材なんて、落ち着きのない我が子が見るわけもなく、いい子が多い幼稚園では、悪ガキっぷりは目に余るばかりで、肩身の狭い思いをしながら通っていました。

ちょうどその頃、娘ができました。よく寝る、よく飲む、よく食べる。いつもニコニコしていて、余程のことがなければ泣くこともない。ころんと放置されていると、眠くなればひとりで寝てしまう。そんな全く違う生物？と思うくらいの娘が我が家にやってきたのです。


夫も私も、「これは何？」と本当に驚きました。

「みんなこんなふうに子育てしていたの？　うちの長男は本当に育てにくいタイプの子だったんだね……」

私の問題ではなく、これはひとえに子どもの性質の違いだったのか……。


私の子育てが悪いんじゃなかったんだ……。そう思えた時、私はこの子のことよりも、**自分が恥をかきたくない、自分の育て方が悪いと思われたくない。そう思いながら子育てをしていたことに気づいたのです。**


「そんなふうによそ見しているとこぼすから、きちんとしなさい」

「フラフラしていると転ぶから、きちんと手をつなぎなさい」

「高いところに登って落ちたら危ないから、降りなさい」

子どもの好奇心を奪い取ることばかりして、いつも失敗させないように先回りしている……。そう気づくことができました。

その時私は、片付けの仕事を少しずつ始めた頃でした。

片付けが苦手で汚部屋出身であることや、虐待寸前の子育てだったことなど、できないことがたくさんあることを公開し始めたことで、その私の失敗や失態の数々が逆に共感を呼び、ブログの読者さんから支持を得られるようになったのです。私の失敗から勇気をもらえたとか、きっかけが得られたと言われ、**失敗から得られるものは何よりも強いと思うようになりました。**

そこからは、いくらでも失敗したらいい、本当に危険なことじゃない限り言うのをやめよう。そう思いました。

転べば自分で気をつけるようになる。ぶつけても自分で工夫するようになる。時々頭をぶつけて、半ベソになりながら何とか耐えようとしている息子の姿の可愛かったこと。

もうその時には5歳になっていました。5年間、私は必死だったけど、間違った子育てをしていたと気づくことができ、そこから心理学や子育てについて学ぶことになるのです。これも失敗が生んだ成果かもしれません。

それ以来、我が家では、

「失敗すればいい。失敗した時は、自分ができる最大限の形で責任が取れるように」
「困った時に誰かに助けて！　手伝って！と言える子に」

そんな理念の子育てが始まったのです。

企業の理念、これは社員一丸となり、同じ方向を見て活動していくためにも大切なメッセージ。同様に、家庭にも理念があると、何かあった時に立ち戻ることができる。

子育て講座でも、理念を掲げていただくことをゴールにしていました。

「失敗すればいい」という理念を掲げた我が家ですが、息子とは逆に、娘は失敗が苦手な子でした。失敗しないように失敗しないようにと物事を慎重に行うし、失敗が嫌だからチャレンジしない。だけど理念に基づき、小学生の時にこう言ってみたのです。

「失敗は怖いことじゃないよ。失敗から学ぶことってたくさんあるの。よく考えてみて！ママの人生、失敗したことがお仕事になっているでしょう！　ママも失敗ばっかりでしょう！」

すると、少しの間考えて、

「本当だね、ママ失敗ばかりだ」

それから、娘は何でも新しいことにチャレンジしたり、お友達に意見を言ったりするようになり、失敗しないように動くことがなくなりました。

大人になると余計、失敗を怖がるけれど、私は今でも毎日失敗ばかり！　でも失敗が私の成長につながっていることは間違いありません。

失敗を怖がるのは、本当のところ、何を失いそうで怖いのか？　親自身が一度考えてみるといいと思います。

43 楽しむ背中を見せる

親は皆、子どもに幸せであってほしいと願うもの。だから厳しくもなるし、優しくもなるし、怒ったり笑ったり、忙しく感情を動かしています。でも、たくさんの講座を通じて何千人ものママたちとお話ししてきたけれど、いっぱいいっぱいになりすぎて、子どものことしか見えていないママの多いこと。

もちろん、子どもの将来を考えたら、習い事をさせてあげたい、いい学校に入れたい、そんな思いもわかりますが、10以上もの習い事をさせ、受験勉強に知育のおもちゃ、英語教材と、あれもこれも詰め込もうとしてはお互い疲れるばかりです。

肩も首もガチガチになって、自分自身の気を休める暇もない……。

自分の現状を聞いてもらい発散できる友達もいない……。

誤って、私もそんな世界に首を突っ込みそうになりましたが、これは私の望むことではないよな~と、思い留まりました。

それよりも、子どもたちが「大人って楽しそうだな~」と思う、そんな背中を見せたいと思いました。

教育ママに育てられた私は同じく教育ママになりそうでしたが、我が家には遊び人の夫（笑）がいたことが助けになりました。

山に海にと一日中駆け回り、魚を釣ったり、泳いだり、クワガタを採ったり。クワガタを採るためのバナナトラップなんて、私の生きてきた世界の中では見ることもなかったもの。

私の穴の開いたストッキングをためておいて、そこにバナナを入れ、焼酎を吹きかけ発酵させます。それを木にぶら下げておいて、早朝に行けばクワガタやカブトムシがうじゃうじゃ。

遊んでばかりいないで稼げ……（笑）。

と思っていましたが、子どもたちの目は輝き、今では子ども時代のいい思い出になっています。

私自身も、このままでは絶対に嫌だと思っていた、過干渉で過保護な母と同じ子育てをしてしまう！　それを手放すには、子どもたちを見ている時間を少なくしたほうがいいと思いました。

ずっと一緒にいるよりも、一緒にいる時間を最大限有意義なものにすることが大切だと思えたのです。そして、働くママは楽しそう！と思ってもらえるように、いつも働くことの楽しさや、お客様とのエピソードなども伝え、仕事がどんなに楽しくて素晴らしいかを伝えてきました。

仕事でも遊びでも、趣味でもスポーツでもなんでもいい！　大人って楽しそうだな～と思ってもらえることを意識してきたから、子どもたちはママもパパも楽しそうだよね！と言っています。将来に希望を持てていることは親としても嬉しい限り。

成功したから幸せになるのではなく、幸せだから成功するといわれています。
大人が楽しければ、子育てはうまくいく！
楽しむ背中を見せることです。

44 親にしてほしかったことを自分にする

500人以上の方が受講された子育て講座のなかで、**両親から感じた愛はどんなものがあったかということをお聞きしてきました。**

例えば、忙しくても手作りのごはんを作ってくれたこととか、塾の送り迎えをしてくれたとか、経済的な不安を感じさせないようにしてくれたとか、進路を信じて見守ってくれたとか、塾に行く前のひとりごはんの時にいつもそばにいてくれたとか、部活の早朝練習に毎日送ってくれたとか。

私は、毎食手作りの美味しいごはんを作ってくれたこと、帰るまで起きて待っていてくれたこと、いじめられてお弁当を食べられなくなっている異変に気づいてくれたことなどがあります。

伺うと、本当に素敵な親子関係だなーと、心打たれることが数多くありました。ほかの受講生の話を聞いて、「素敵……」と涙される受講生もいて、愛だねー！なんて話すのですが……。

続けて問うのが、そんなご両親に、**「もっとこうしてくれたらよかったのに」**と思うことは何ですか？

こんなに素敵な親子関係ならば何も出てこないのでは？と思うのですが、実はこっちのほうがたくさん出てくるのです。

もっと夫婦仲良くしてほしかったとか、お金がないと言わないでほしかったとか、あなたが男だったらよかったのにと言わないでほしかったとか、可愛くないんだから愛嬌を振りまきなさいとか言わないでほしかったとか、もっと抱きしめてほしかったとか、一度でいいからほめてほしかったとか、もっと話を聞いてほしかった、お母さんに笑ってほしかった、もっと楽しそうに生きていてほしかった……。

結構、深刻な内容が出てくるのです。

人って、ポジティブな記憶よりネガティブな記憶が残りやすいんですよね。そして、このしてほしかったことを我が子にしてあげようとします。「あの時してほしかったのに、してもらえなかったこと」を、子どもにしてあげたい！と強く出ることが多いのです。

でもね、スキンシップが得意ではない子どもにとって、ハグハグチュッチュは、別に嬉しくないし、食に大して興味のない子は、手をかけた料理にもさほど関心を示しません（笑）。
表面的にほめられても子どもは違和を感じ取ります。

じゃあ、どうしたらいいか？
親にしてほしかったことを自分にすることです。

夫婦仲良く過ごせるよう工夫しよう。

自分の中の心の声を聞いてあげよう。

自分を否定するような言葉がけはやめよう。


私は、不機嫌な母が怖くて仕方なく、笑っている母が好きでした。だから、どうしたら自分が機嫌よくいられるか?を考えました。**困難が訪れた時には、笑顔でいられる選択をしました。例えば、疲れ切った日の夕食を頑張って作るか？　でき合いのお惣菜ですませるか？　お惣菜ですませるほうが機嫌よく笑顔でいられるなら、そちらを選ぶ！ということです。**


なので、考えてみてください。

あなたが親御さんに愛されていたことを、本当はしてほしかったことを。

両方セットで思い出すことが大事なのです。そして、それを自分にしてください。

機嫌が悪く、いつも怒っていた母の記憶が多かった私ですが、たくさんの愛情をもらっていたことも思い出せ、今では関係は最高によくなりました！

45 優しい虐待は繰り返す

〝優しい虐待〟という言葉を聞いたことはありますか？
私は一時期、虐待という行動に非常に興味を持った時期がありました。『シーラという子』という本を読み、こんな恐ろしい世界があるのか……と、関連書籍をいろいろ読み漁《あさ》りました。20代の頃でした。

可愛い我が子を身体的暴力や育児放棄で虐待するなんて信じられない！　と思ったのですが、子育てをするようになり、これは紙一重だな、と思うことが何度もありました。まさか自分が虐待？　あの本を読んで、虐待のない世界を作りたい！と真剣に考え、そちらの道に進もうかとも考えたくせに？と自分で自分に驚きました。

いわゆる暴力的な虐待は、受けているほうも、しているほうも、「これはいけないこと。やってはいけないこと。虐待だ」とわかりますよね。

それよりもっと根深いのが、この〝優しい虐待〟ではないかと途中で気づいたのです。
これは親が自分の思い通りに子どもをコントロールすること。
それにより子どもが心理的に傷ついてしまうこと。

自分が子育てをしながら、嫌だと思っていた母とまるで同じような台詞を口にしていることに気づいた、というママは少なくありません。

教育熱心で、お行儀よく、きちんとした子に育てるべく、「これしてあれして、ああしてこうして」と口うるさく言っている私。口から出る言葉は命令形ばかり……。

私自身も、「いい子でなければいけない」と、母の期待に応えなければと、ずっと努めていました（実際にはできないから怒られるんですが）。母は**何の疑いもなく、「ママの言うことを聞いていればいいの」と言っていましたから、本気でそれが愛情だと思っていたのだと思います。**

片付けでさまざまなお宅に伺うようになり、その〝優しい虐待〟は傍《はた》から見て、理想の家庭像に近いお宅ほど起きていることに気づいたのです。

ほら、ご挨拶しなさい、座って食べなさい、寝ながらテレビは見ないで、から始まり、そういう子はママ嫌いよ。
そんな言い方する子はママの子じゃない。
言うこと聞かないならあっち行って。
言うことを聞きなさい。

一見、言葉は暴力的ではないですし、「あなたのためを思って」「これは躾《しつけ》である」と思っているので、母親は悪いことだと気づかないことが厄介なのです。

〝優しい虐待〟を繰り返すことで、将来的に子どもが自立しにくくなります。自分の意見が言えなかったり、自分で決められなかったり、いつも答えを他者に求めるようになる。自分の力を信じられませんから、対人関係などにも表れてきます。

自己評価が低い子になってしまい、その後、成長とともに学校に行けなくなったり、引きこもりになってしまったりしたご家庭も見てきました。

このケース、大抵の場合、ママ自身が同じように育てられています。

ですから、自分でその連鎖を断ち切る姿勢が大事です。

ママ自身が、本当は感じてきた痛みから解放される必要があります。

46

自己肯定感を上げる「うん、うん」

子どもの自己肯定感を育みたい。そう思われる方がほとんどだと思います。

自己肯定感というのは、ありのままの自分を肯定することですが、そもそも物事によって肯定感が高まる時もあれば、低くなる時もある。得意なことをしていれば高まるし、苦手なことをしていれば下がることもあるでしょう、常にずっと高い状態を保てる人なんてそんなにいますか？　いるとすれば、相当なナルシストなんじゃない？（笑）と、私は思います。

ネガティブになることもあれば、ポジティブになることもある。得意不得意もあるので当然だと思うんですが、近年、やたらと自己肯定感を高くすることが大事！と言われ、そのためにはほめることが大切！なんて話も聞きますよね？

強い自分も弱い自分もいる、
できる自分もいるし、時にできない自分もいる、

得意もあれば不得意もある、短所もあれば長所もある、肯定できることもできないこともあって人間。

全部ＯＫ、それでいいと思うんですよね。

無理にほめることは必要ない。でも、できないことを否定し続けたり、できない子はダメだというレッテルを貼り続けたら、肯定感はもちろん育ちません。

では、どうしたらいいか？　これはある友人の振る舞いがヒントになりました。数少ないママ友の中で、ある友人はママ同士で話し込んでいても、子どもが話しかけてくるとニコニコしながら目を見てうなずきながら、「うん、うん。そうか！　そうか！」と聞いています。すると、子どもはすぐに満足してどこかに行ってしまうんですね。

私が一緒にいる時にも数回そんなことがあって、子どもが何を言っているのか今いちわかりませんでした。どうもほかの兄弟にいじめられたと訴えているようですが、状況はよくわかりません。「今の説明でよくわかったね？」と言うと、「え？　全然わかってないよ～」と言うのです。

え？　わかっていなくてその反応？

すごく熱心に聞いていたけど、
「小さい子の言っていることなんてわかんないことばっかり、でも一生懸命話すから聞いているだけ」
だというのです（笑）。

これには驚きました。

大人は正しい理解をしようとするから、「今のところちょっとわからない」とか、「その時あなたは何て言ったの？」とか、正しく聞こうとしますよね。

それよりも、うん、うんと熱心に聞いてもらえた。それだけで子どもは満足して去っていく（笑）。

大人になってから、何かあると話を聞いてほしいと思う人が私には2人いました。なぜその2人に話したいと思うんだろう……と考えてみたら、共通点がありました。2人とも、「うん、うん」と、わかりやすく首を縦に振りながら真剣に聞いてくれました。

実は、**「聞く」という行為は、相手の自己肯定感を最速で上**

げる方法です。

前述の通り、自己肯定感が下がることは誰にでもある。その時に聞いてくれる相手がいることが大切です。

最強で最速でしかも無料！
子どもの自己肯定感を育む、いちばんおすすめのスキルです。

ちなみに、先ほどのママ友のお子さんは超優秀、自己肯定感の高いお子さんに育っていますよ！

47 伝える時は「なぜなのか」とワンセットで

女性の自己実現を応援する仕事なので、女性からのお悩みを聞くことが多いです。
そのなかでも多いのが、夫の理解が得られない、子どもに伝わらない、上司に何と言ったらいいかわからないという「伝える力問題」です。

今でこそ、私はこうして言葉を並べてブログを書いたり、執筆したりしているけれど、いつも夫に、

「何が言いたいか、さっぱりわからない……」

と言われていました。

講座でも言いたいことがとっ散らかっていて、セミナー講師になってから、ずいぶんと苦労しましたし、勉強したものです。

子育てにおいて、子どもにやっていいことと悪いことを説明したり、私のように仕事でお客様に何かを提案したり、今はＳＮＳなどもあり、誰にとっても「伝える力」は必要になってきました。

その際、大事なのは〝なぜなのか？〟の視点。

なぜそれをするといいのか？

なぜそれがおすすめなのか？
なぜお願いしたいのか？
なぜそう言えるのか？

根拠が必ず必要です。根拠が相手に行動を促します。

また、一般的に女性は感覚的、抽象的、曖昧な言葉を使うことが多いです。
すっきり、まあまあ、ざっくり、大体、いい感じ……。

女性同士の会話に多いキーワードは、特に男性には理解されないことが多いのです。もちろん子どもにもよくわかりません。言わんとするところを相手に明確に理解してもらうには、こういった言葉を、具体的な表現に置き換えることが必要です。

「家をすっきりさせたいからプロに頼みたいんだけど……」

もし私が夫だったらＮＯ！と言いますね。

「４月の入学までに子ども部屋を作りたいのだけど、自分の力量ではできるかどうかが不安なの。お友達のＡさんが、プロにお願いしたら、自分ひとりでやるよりも、効率的に、的確に形にできたと言っていたの。だから、まずはお試しコース３時間、１５０００円のプランを申し込みたいの。お願い！」

前者は、やりたいことは片付けということだけは伝わりますが、プロに頼んだらいくらかかるかもわからない、何ができるかもわからない、わからないだらけでは相手も不安すぎて、ＮＯと言うしかないんですよね。

後者は、根拠も最低限の情報も、そして揺るぎない願望であることも伝わります。

「いいかな？」ではなく、「お願いします」と、要望をはっきり伝えています。

そもそも論として、普段ほとんど会話もない夫に前者のように伝えたら、そりゃ、ＮＯ一択ですよね。

相手が子どもでも同じです。

ただ、「ダメ！」と言うよりも、なぜダメなのかを伝えるほうが理解が深まります。

昔、子どもに「なぜ」を説明していたら、ママ友に「子どもなんて理解できないんだから、理由なんて話しても無駄だよ」と言われて驚いたことがあります。

小さい子どもでも、「なぜ」は理解できますから、こちらが心がけて伝えることで、子どもも理解し、納得したうえで動くことが増えました。

なぜなのかが伝われば、相手の理解度が高まります。伝える力を身につけるにはトレーニングが必要ですから、一度や二度、伝わらなかったからといって諦めるのではなく、意識的に練習を積み重ねてみてくださいね！

48 否定しない、ジャッジしない

我が家にはいくつかのルールがあります。例えば食事中にテレビは見ないなどの簡単なもの。ですが、**我が家で最も浸透しているのは、「わからないと言わない」ことかと思います。**

息子が小学校1年生くらいの頃、我が家に遊びに来る子どもたちに、「ごはんは何が好きなの？」と聞くと「わからない……」、「何して遊ぶのが好きなの？」と聞くと「わからない」。そんな子が多いことに驚きました。

言いたくないのか本当にわからないのかわかりませんが、「わからない」をとても便利に使っているように思いました。


つられるように（？）息子も適当にわからないと言うようになったんですよね。

考えるという力は、哺乳類の中では人間だけが持っているとも言われているのに、何も考えないですまそうというのはな〜と思いました。


「うちはわからない禁止！」


どんな時でも自分なりに考えてみる。

その意見を相手に伝える。

自分の意見に誇りを持つ。

その代わり聞く側も否定しない、ジャッジしない！


何か問題が起きれば家族会議もしました。

誰かの問題は家族にとっての問題。だからみんなで考える。

今でも何かあると、「はい、集合。座って！」。そう言うと、家族全員がリビングの各自の椅子に座り、それぞれの意見を出し合います。

私が病気になった時も、誰かの受験の時も、おじいちゃんやおばあちゃんのことで何かを決めなければならない時も、一方的に親が決めるのではなく、皆で意見を出し合い、考えて決めるようになりました。

女性たちに教える立場になり、大人であっても躊躇して自分の意見を言えない方や、自分のことなのに「わからない」という方が多いことに驚きました。これは、いつも否定されたり、親の意見に流されてきたりした結果で、自分の意見に正解のジャッジが下されないのではと、怖がっているんだなと思います。

「わからない禁止！　自分の意見を言いなさい」と言うからには、傾聴し、その考えに○×をつけずにきちんと受け止める。

自分の意見を出してもいいこと。自分の意見を誰かが受け止めてくれること。そんな家庭環境は、子どもの考える自信につながります。

Chapter 4

仕事を整える

| 人生100年時代を自ら支えるために |

人生１００年時代といわれる今、女性も仕事を持つことが推奨されています。

昭和55年頃は、男性が働き、女性が家にいる家庭がほとんどでしたが、平成8年頃からは大きく変化し、今は共働きが増えています。

仕事をする時間は、働く女性なら寝ている時間以上に多くなっています。

ですから、ただ働くのではなく、働くことがより楽しくなること、やりがいにつながることも大事なのです。

49 どんな仕事にも「好き」「得意」「ラッキー」は隠れている

私は今でこそバリバリ働いていますが、子どもが生まれた当初は、母から子どもを預けるなんてかわいそうと言われ、夫からは専業主婦になってほしいと言われ、仕事を諦めました。もともとは自分を仕事好きとも思っておらず、そうか、家にいるべきなんだな〜と思って、言われるがままに仕事を辞めたのですが、これが最悪の事態への幕開けだったんですね。自分のエネルギーを持て余しました。

エネルギーが高いなと感じる人は、家の中にいると家族の迷惑になります（笑）。

やることがない暇な状態が嫌な人は、家の中にいると子どものやることなすことに口を挟み、過干渉で過保護になるので、外に出ることをおすすめします。

エネルギーが低い人でも、これからの人生１００年時代を考えると、いつ何どき、どんなことが起こるかわからない世の中で、経済的な自由や自立はあったほうが安心ですし、何と言っても仲間や成長が得られるので、仕事は幸せを増やすツールのひとつといえます。

へ？　仕事で仲間や成長？　幸せ？　ただお金をもらうだけの手段だよね？

仕事が幸せを増やすだなんて思ったことないよという人も、少なくないかもしれませんね……。

もちろん、好きなことを仕事にできていたら楽しいかもしれません。

そんなキラキラ女子志望の起業家がもてはやされ、好きを仕事にする！と鼻息荒く資格取得だの、セミナーだのに振り回されている人をたくさん見てきましたが、**私は好きを仕事にではなく、苦手で嫌いなことを仕事にした人です。**子どもの頃から嫌いで苦手で、できなかった片付けを仕事にしたので、学生時代の汚部屋を見兼ねて片付けてくれていた祖母は、「あの尚ちゃんが片付けの仕事とはね～」と何度も言っていました（笑）。

ひたすら嫌いをやり続けたら、その中に好きが隠れていました。職種ではなく、その仕事の中の何が好きかに注目してみましょう。

私の場合、片付けの仕事って実はクリエイティブ！ということに気づきました。今までの家の中の課題を一掃して、新しく創り直す作業。私はこのステップが好きみたいです。問題解決が趣味、何かを創り出す仕事も好きだと気づきました。

ただし、これ以外の仕事をさせたら超ポンコツです。なので、最初からアシスタント、事務、経理はまだ儲けも出ていない時から先行投資で人を雇いました。パワーポイントすらわからなくて、ブログで嘆いたら、ママ友が教えてくれました。その方は今、弊社の取締役のひとりです。**苦手な仕事は極力手放すことです。そして得意なことに集中するのがいちばん効率的。**

ただし、会社員に限らずとも、そうはいかないってことありますよね？　仕事って、自分の好みで選べることばかりではないです。嫌なこともたくさんあります。それをどうやって自分にとって大切な仕事だと思えるように変えていくかです。そして、嫌な仕事をどれだけ楽しめるようにするかです。

以前の仕事で、何枚もの売上表を確認する仕事がありました。まだＰＣで自動的に管理できる仕組みがなかった頃の話です。超苦手です。飽きるし、正確性もないので苦痛な仕事でした。なので決めました。誰よりも速く、誰よりも間違いなく、そしてリズムよく電卓を叩くことに集中すると。そうしたら驚くほど速く正確に打てるようになり、誰かに、

「電卓打つの、めちゃ速いですね」

と言われるようになりました。

単純な仕事でも、何分以内にできるようにする、ひとつもミスをしない、ありがとう助かった！の言葉をもらえる努力をするなど、仕事の内容は変わらなくても、どういう仕事をするか？は自分で決められるはず！

好きを仕事にできたら超ラッキー。
自分のできることが誰かに必要とされて、求められたらかなりラッキー。
仕事があることが、これまたラッキー。
嫌な仕事を、どうやって楽しめるか考えられたら小ラッキー。

最初から好きなことを仕事にできる人は少ないけれど、今やっていることを好きになる努力が、次なる道につながります。

50
やらずに終わることが最大の失敗

起業塾をしていると、出した課題に対して、これでいいでしょうか？　合っていますか？と正解か否かの解答を塾生に求められることがあります。

こんなにも、人は正解であることにこだわっているんだなと気づかされます。

起業したてや資格取得したばかりだと、自信がなくて動けないという方も多いです。会社員でも失敗しないよう、ビクビクしながら過ごされている方もいらっしゃるでしょう。


自信というのは、何もしないで自然にできるものではありません。

やってみて、行動してみて、失敗もして、それでもやってみて、少しずつ自分なりの正解や確信を積み重ねていくもの。

もしまだ始めたばかりのことなのに自信満々だったら、そのほうが問題です。

誰かの胸を借りてやってみるからわかることがたくさんある。やってみて、凹んで、改善していくことで、自信は生まれると思います。


それなのに、同じ場所で足踏みしていて、不安だ不安だと言っている人の多いこと。

何もしないことがいちばん怖いこと。やらずに終わることが何よりの失敗です！


私には才能なんてなかったと思います。

なので、とにかく数稽古でした。

何軒も何軒も知り合いに片付けさせてもらい、どうしたらもっとよくなるか？何がいけなかったか？を理解して次に活かす。

それをやり続ければ結果につながります。


やり続けるからできるようになるし、できるから楽しくなるのです。

ミスも失敗も誰にでもあります。
失敗の経験がない人なんてほとんどいませんよね。
いっときの失敗なんて、気づきを得るためのきっかけみたいなものです。
失敗を恐れずに前に進めば、いつしか自信がついてくる！
いくつになってもチャレンジ！　You can do it!

51 ライフワークもあり、ライスワークもあり

キラキラ輝くように仕事したい！　キラキラ女子なんて呼ばれて起業家がもてはやされ、普通に仕事をしていた会社員が、「私は好きを仕事にできていないから輝いていないんじゃないか?」と、資格取得することが増えた時期があります。今は少し落ち着いたようですが、やはり隣の芝生は青く見えるもの。仕事を辞めて何かをしたい！　一念発起して、さあやってやろう！と鼻息荒い女子も一定数います。

私は起業家を育てる仕事をしているわけではありません。ひとりで起業するには、アイデアマンであること、オールマイティーに何でもできること、チャレンジャーであり行動力があることなど、求められる要素は多いです。もちろんそれなりの資金があって、最初から人を雇うことができる大規模な起業は別ですが、ほとんどはスモールスタートなのでひとり社長から始める方が多いでしょう。

ＳＮＳで起業している人たちを見て、会社員をしている自分をつまらなく思うことがある人もいるようですが、毎月変わらない定額のお給料をいただけるというのは、素晴らしい仕組みです。何でもかんでも自分でやることなく、分業で物事が進んでいくということも、すごいことだと感じます。

なので、「起業したい」「会社を辞めたい」という相談をもらうと、私はまずは一度は止めます（笑）。自分の居場所のありがたさは、隣の芝生が青く見えている時にはわからなくなってしまっていることが多いからです。

私が起業した理由は、子どもが熱を出した時に、「熱を出したので休みます」と言えない、職場にそんな迷惑はかけたくない……と思ったからでしたが、起業して自分しかいない仕事をしていたら代わりがいないので、**もっと休めませんでした（笑）**。

親や友人、借りられるものは猫の手でも借りて凌ぎました！　今思えば、会社員のほうが休みやすかったのかな？と思います。

そんな理由で起業した私ですが、夫は会社員です。
彼は、仕事を人生の中のごく一部と捉えています。
彼が好きなのは釣りやキャンプ、自然の中にいることです。それらのために仕事をしているので、仕事と遊びの境界線がはっきりしています。はっきりしたライスワーク。字の通り、ごはんを食べるための仕事です。金曜日になるとかなりソワソワしているタイプで、週末に何をするかでワクワクしています。

私は反対に仕事人間！
仕事がこの上なく好きなのです。仕事を通じて誰かの役に立つことも好きだし、問題解決が武者震いするほど好きですから、週末も仕事のことばかり考えています（笑）。今の仕事を天職だと感じていますから、ライフワークになっています。

子どもたちは、「うちはお父さんがお母さん……」だと、私が仕事人間で普通の家とは逆だと言い、ママはこんなに働いているのに、パパはいつも遊んでいる（笑）とも思っていました。

ライフワークにひたすら勤《いそ》しむ。これも正解。

感謝してライスワークに励みながら、ライフワークに生きる。これも正解。

どちらも十分に人生を謳歌できますから、必ずしも好きを仕事にしなくてもいいと思うのです。

52 あなたが社長なら あなたを雇いますか？

「お金のためというより、自分のやりがいが欲しくてこの仕事をしたいと思っています」という方たちを採用することが幾度かありました。

一見、いい人に思える台詞ですが、このタイプの方は仕事に責任を持てません。

お金に感謝していないからです。


人生にやりがいは必要ですし、やりがいによって幸福度も増しますから、仕事にやりがいを感じる人はこの上なくラッキーだとは思います。

ただし仕事においては、お金をしっかりいただくという自覚と責任が重要ですから、やりがいだけではうまくいきません。

このタイプの人たちは、ご主人が働いてお金を稼いできてくれていることにも、どこか当然という認識で、いろんな思いを背負って仕事をしてくれていること、裏側にある大変さも大して理解していません。

で、結局のところ、「もっと稼げると思った」とか「こんなに大変だとは思わなかった」と言い出すのです。起業してもすぐに投げ出します。

日本人はお金の話をすることを避けるきらいがあります。お金の話は品がよくないとタブー視する人が多く、「お金はいくらでもいいです」というような言い方をする女性が多い。ですが、お金は大切なもの。常に相手にありがとう！と言ってもらえるいい仕事を心がける。その対価を受け取るに値するという自覚を持って、気持ちよくお金をいただく。そして、お客様や取引先からいただくお金のありがたさをしっかり感じる。

いただくお金にきちんと責任が伴っていないと、仕事を続けるのはなかなか厳しいと思います。

仕事はエネルギーであるお金を発生させ、お金を循環させます。ですから、お金は気持ちよく支払われ、気持ちよくいただく必要があるのです。

お給料日に、ご主人にありがとうと伝えていますか？

あなたが社長ならあなたを雇いたいと思いますか？

権利を主張する前に、働き方やお金に対する自分の姿勢を客観的に見てみましょう！

53 成功しない3つの「ない人」

仕事がうまく成功につながらないなと思う人には共通点がありました。

① お金の使い方を知らない人

女性で投資的思考ができる人は少ないといわれています。

確かに、節約志向の人が多いかもしれません。節約というよりも、支払うことが苦手な人が多いです。お金がないのでと支払いを渋る人や、自分のためにお金を使うことに罪悪感を持っている人などです。

こういう方は、仕事ももらったお金の分しか働かない、無駄なく自分の働きを節約してしまうのです。

節約というのは無駄をなくし切り詰めること。無駄をなくすことは重要ですが、切り詰めたとしても生み出す効果はわずかです。

自分への投資にかけるお金を出し惜しみして、本当は大きな成果につながったかもしれない学びを受けられなかったり、チャンスを逸しているかもしれません。どうせなら、お金を増やすことにフォーカスしたらいいのにな〜と思います。

②約束を守らない人

これは言語道断です。

ですが、締め切りを守れない人はとっても多いです。

約束の時間になっても開かないお店には二度と行きませんよね？

約束を守れない人に仕事は任せられません。

「やろうと思ったんですけど、○○の理由で」など、いかにもほかに原因があったかのように言いますが、すべては自分の責任です。

自分との約束も守れない思考は、自分も相手も大事にできません。

③嫌われたくない人

何とか結果を出そうとしますが、そもそもが嫌われたくないから頑張る、嫌われたくないからやるという後ろ向きなモチベーションなので、本来の力がなかなか出ません。嫌われない私を意識しすぎるので、無意識に嫌われる私を現実化してしまいます。結果、周囲から「あ、使えないな」「何かやりにくい人だな」と、嫌われる自分を再確認するような現実が起きてしまうのです。

心当たりがある場合には、その原因を探ってみましょう。改善されると、大きく伸びるポイントでもありますよ！

54 利他の精神はチャンスの前髪

前述した、パワポを教えてくれた弊社の取締役との出会いはひょんなことからでした。

彼女とはママ友。子どもたちが同じ幼稚園に通っていて知り合いました。

謝恩会委員というのをやることになり、どうしてもやってくれと言われてクラスの代表を務めた時、加わったのが彼女でした。ママたちを取りまとめて、やるべきことを割り振って回すことがこんなに大変なこととは思いませんでした（笑）。

何も決まらないし、アイデアも出ない。このままだと全部自分でやることになりそうだな……なんて思っていた時に、普段あまり話すことのなかった彼女に愚痴をこぼし、本当はこんなことができたらいいな～と思っているんだと話しました。


もう少し説明してと言われて話したところ、「少し時間もらうわ」と言って、次の時には、１２０％のレベルの企画書を持ってきてくれました。

また、この人と働きたいなと思ったのは字の美しさ。字は体を表すと言いますが、その字を見た時にこの人と働きたいと思ったのでした。


そんなことも忘れかけていた起業の頃、資格取得のための課題でパワーポイントを使わなければならず、ブログで使い方がわからないと書いたら、卒園後、私のブログをしっかり読んでくれていた彼女が連絡をくれ、「パワポ教えてあげる」と言ってくれたことがきっかけとなり、彼女に仕事を依頼することになったのです。

彼女の親切心や、やると決めたら１２０％やる行動力は、仕事を始めてからも常に変わらず、私の苦手なことが得意という正反対のタイプなこともあり、常に支えてもらっています。

子どもが小さい間は家にいたい、だけど仕事がしたい、と思っていた彼女にとって、私のサポートはそれが叶う形となり、お互いにウィン！ウィン！な関係は長く続き、現在はママ友から取締役に。

人間、どんな時も相手の役に立つ行動をしていると、大きくチャンスが巡ってくるもの。社内でも社外でも、そういった心意気が次なるチャンスにつながるきっかけになると思います。

自分にできることを常に惜しまず提供することで、チャンスは必ずやってきます。

日頃からそれを出し惜しみせずに相手に伝えられる人って実はとても少ない。声にして伝えることが大切です。

55 やっては改善、やっては改善

「どうやってここまで長く仕事をしてこられたんですか？」とよく聞かれます。

起業した人のほとんどは5年以内に消えていくといわれる中、14年近い年月を右肩上がりでやってこられたのは、改善する力があったからではないかと思います。

片付けの仕事を始めた頃は、先を行く先輩も少なかったので、何かわからないことがあっても聞く人がいない。なので、いつも現場からの帰り道には、今日あったことや気づきをノートに記し、よりよく動くためには何ができただろう？と、ひとりフィードバックの時間を必ず取っていました。

すぐに上手に説明できなかったこと、すぐに提案できなかった収納グッズなどなど、自らその時間を取り、改善する。その頃のノートは20冊以上に及びます。

できないことはあって当然、だけど同じ過ちを二度と繰り返さないこと。
そうやって改善を繰り返せば必ず成長は見られるものです。

毎日毎日の積み重ねは着実に私を成長させてくれました。

起業してすぐに、アシスタント、事務の担当者、経理の担当者を雇いました。事務の担当者にお願いした仕事は、お客様とのやりとり。

お客様とのやりとりのメールはＣＣで共有してくれていたのですが、関東に住んでいても大阪弁全開！の彼女は、文章にも大阪弁が入ります。関東ではそんな言い方はしないとヒヤヒヤするようなワードもあり、その文章はドスドスと音を立ててガニ股で歩いているような印象でした。

「申し訳ないけど、お客様とのやりとりはもう少していねいにやってほしい」とお願いすると怪訝《けげん》そうな顔をしていましたが、しばらくしてから、その文章がハイヒールを履いて美しく歩く女性を思わせるものに変わったのです。

どうやったらこんなに変わるんだ？

しばらくして、彼女がメールに関する本を何冊も読み、自分の文章を改善していたことを知りました。最初に買った本は男性的なビジネス書然としたものだったので、私が望んでいる文体とは違うなと、私の望みに合った本を探し、勉強してくれていたことを知りました。

お客様の家に伺うと、「ていねいで、私も安心してやりとりさせていただけたんです」なんて言われることが多く、講座受講生からもメッセージのやりとりがスムーズでていねいと言われることが増えました。

何事も最初からできるわけじゃない。やっては改善、やっては改善。その小さな一歩も積み重ねれば長い道のりになる。そして振り返った時には、周囲が称賛するような素晴らしい軌跡ができているのです。

56 ワークライフバランスか、ワークアズライフか

ワークライフバランスという言葉が使われ始めたのは、どのくらい前でしょうか？　仕事の時間とプライベートの時間をバランスよくしっかり分ける必要性が問われ、その通り！と思っていましたが、私の場合、仕事が好きすぎてそこに境界線がありませんでした。

生きている限りすべてがネタで、暮らしの中に発見があるし、暮らしの中で感じる問題が仕事につながったりするので、常にアンテナが立っています。

ごはんを食べに行った時のおもてなしや店内の工夫も、子どもたちのおしゃべりも私にとってはすべてが仕事につながっていきます。

いつでも、どこでも24時間、仕事のことを考えています。

所定の終業時刻に仕事が終わる会社員も多いと思いますが、会社員時代も、私はいつでもどこでも仕事のアイデアを考えていたなと思い出しました。

フリーになった今は、あえて頭を切り替えるなんて器用なこともしません。そうしたほうがいいかな？と分けようとしたこともありました。

それはスタッフたちから上がった声がきっかけでした。時間雇用しているわけではなかったので、仕事とプライベートの切り替え時間がないことに不満を漏らす人たちが多かったのです。もちろん、それもその人の価値観なので、ＬＩＮＥのやりとりの時間などに制限を加えました。

今は私以上に仕事が大好きな人たちと仕事をしているので、時間が合う限り、次なるアイデアを出し合っていて、とっても楽しいです！
いつでもどこでも、アイデアを考えるのが大好きで、それがビジネスにつながり、お金に代わっていく。私にはワークアズライフな生き方が合っているようです。

働き方は生き方にもつながります。

あなたにとって、どんな働き方がベストなのか、最初に決めて仕事を選択することも、これからはもっと大事になると思います。

57 自己理解が富を生む

私は、ウェルスダイナミクスシニアプラクティショナーの資格を所有しています。
ウェルスとは富や財産。これを聞くと日本人は、自分とは関係のない世界と思いがちなのですが、富とはお金だけではありません。お金がなくなっても持ち続けられる財産を、あなたはどのくらいお持ちでしょうか？

仲間、知識、人脈や経験、マインドセット、SNSフォロワーも今や財産の一部と言われています。

ウェルスダイナミクス⑥は富づくりのメソッドです。一生お金に困らない時間と才能の使い方を示してくれます。

こちらの自己分析テストには、4つの周波数、8つのプロファイル、9つの富のレベルがあります。自分がどういったタイプなのかを理解することで、周囲のこともよくわかるようになるし、自分が自分らしく流れ（フロー）に乗って、富を築くための方法が理解できます。

簡単に4つの周波数をご説明しましょう。

ダイナモ　このグループは発電機のような存在です。創造と革新のエネルギー。

ブレイズ　このグループは赤く燃える炎。情熱と社交性のエネルギー。

テンポ　このグループは調和やリズム。献身的な思いやりのエネルギーを持っています。

スチール　このグループは鋼。効率と合理性、理論的なエネルギーの持ち主です。

この4つは、仕事の仕方や価値観がそれぞれ違います。行動の特性や思考の特性の違いを加味すると、8つのプロファイルに分かれていきます。

私はダイナモグループに属します。
前述した通り、いつでもアイデアが溢れる発電機です。何かを作り出すことが好きなのでベンチャー企業や起業が向いていました。自然とそういう道を選んでいたようです。

自分がどんな働き方や富の築き方が得意なのかを知っておくと、無駄な流れに乗ることなく、一直線に自分の得意を活かしてお金を得ることができます。

このほかにも、ストレングスファインダー（p115）で自分の34の資質を知っておくと、より自分を活かせる場所に到達しやすいと思います。

自分を客観視することはなかなか難しいので、こういった診断ツールで自分の行いを振り返る、自分を見つめ直すことで、働き方や仕事の方向性がしっかりと見えてきます。

自分を知って、苦手なことを強化するのではなく、得意なことをもっと強化する。自分の得意を活かす人生のほうが１００倍楽しいですよ！

⑥ウェルスダイナミクス
プロファイルオンラインテスト、スペクトルオンラインテスト

58

期待を超える

仕事の際いつも心がけていることがあります。

それは誰のためになるか？
その目的は何か？

これをいつも忘れずにセルフトークしていました。その仕事の内容や方法・手段、これらが自分のためだけになっていないか？ 会社のためだけになっていないか？ お客様や取引先にとってもいい形になっているか？はいつも気にかけてきたことです。

当たり前と言えば当たり前のこれらを、忘れがちな方はたくさんいらっしゃいます。

お客様と直接お会いしてお仕事させていただいていた、片付けやパーソナルスタイリングの仕事では、ご依頼主本人のみならず、その周囲の方にとってどうか？という第三者の目も必ず意識してきました。

家を片付けた時に、ご主人にとっても使いやすくなっているか？　お子様にとってママがどのように家の中で過ごしていたらハッピーか？　相手だけではなく、相手の背景まで視野に入れる。必ずそんな視点を加えて、**ご依頼主の周囲が幸せになるために、何を提供できるかを考えていました。**

また、例えば雑誌の取材などでも、その誌面を見た担当編集者の上司がどう評価するか？も意識して仕事をする。企業の中で、その上に立つ人にとってもいい仕事をしたなと、担当者自身の評価にもつなげるには、私はどんなことをする必要があるか？を考えていました。

なので、いつもお仕事が絶えず、またお願いしたいとお声をかけ続けていただけたように思います。

「期待通りでした」

これはほめ言葉ではありません。プロならば当たり前の言葉です。

私たちは働く以上、何かしらのプロフェッショナルです。

「期待を超えました！」

常にそう言われる仕事を心がけてきたことが、10年残る起業家が数%と言われる中で続けてくることができ、常にバージョンアップできた理由です。

59 人生は一度きり

片付けの仕事をしている時に、ライフオーガナイザーの認定資格講座の講師として、何度か中国を訪れました。中国行きはその時が初めて。そして、訪中を重ねる中で、中国の女性たちのタフさに感動を覚えました。

中国で片付けのプロとしての起業を夢見る彼女たちはとても熱心で、「鈴木老師！」と、休み時間のたびに質問攻め。

まだこれから資格を取るというのに、プロフィール写真は、「これ誰？」というくらいに美しく撮影済み（笑）。

やる気満々で、「まだ資格取得中なので、資格名は名乗れませんからね〜〜〜」と何度も注意喚起するほど。「私は片付けのプロです！」とＳＮＳに書いているけど、一度も活動したことはないなんて人はザラでした。

また、中国では女性も働くことが文化として根付いているので、主婦なのにとか、子どもがいるのにとか、家事がおろそかになることに罪悪感を抱く人もいない。子どもはどうしているの？と聞くと、皆さん、故郷の両親が遠方から面倒を見に来ているという。それがステータスでもあるようでした。

前のめりなやる気と、両親が見てくれて当然よ！という罪悪感のなさにも驚きましたが、昼食時間になると、みんなごはんを食べながら、わーわーきゃーきゃーやっていたかと思えば、急に頭からダウンコートを被《かぶ》って寝てしまう。

その自由な様子に感動しました。

日本の女性たちは、資格を取っても片付けの現場に行くことを躊躇しているし、プロになりたいと言いながらＳＮＳのプロフィールは子どもの写真で自分を前に出していない。「子どもが」「夫が」と、理由をつけてはなかなか前に出て行かないのに、この差はなんなんだ〜！と感じました。

女性であっても、母であっても、自分の人生は一度きり！
勇気を持って、もっともっと自由な選択をしていこう。
私自身も勇気と元気をたくさんもらいました！

60

出すぎた杭は打たれない

起業したての頃はいろいろな人に、いろいろなことを言われました。
一緒に住む義母が、「あなたは外に出るべき人間よ。家に収まっちゃもったいない」と言ってくれたことがきっかけで、夫も「そうかもしれないな」となり、それまで家にいるように言われていた私の人生は変わりました。

一緒に住んでいた義父も、義母に働くなと言っていたタイプだったので、義母は気持ちよく外に出られずにいた経験から、私に働くことをすすめてくれました。

最初は義父にも嫌な顔をされました。

「あなたのような女性は嫌いだ」とはっきり言われました（笑）。

幼稚園のお迎えがいつもいちばん最後だと、子どもに泣かれたこともありました。

ブログでは、否定的なことを書かれたり、誹謗中傷もありました。

友人にもそんな赤裸々に家族のことを書かないほうがいいよなどと言われました。


そんな起業して数年目の頃、夫が子どもたちに、

「ママがこんなことになってしまったからには、みんなも自分のことは自分でやって、少しでも協力するように」

　と言いました。


「こんなことって？　何？（笑）」


「海外に行く機会が増えたり、テレビ出演が増えたり、さすがにこんなふうになるとは、誰も想像してなかったもんなー」と夫が言えば、

「確かにそーだよねー」と息子、

「お母さんの名前、何？　検索したいからってクラスの男の子に聞かれたよ」と娘。その頃には義父も、

「忙しそうだな、体だけは気をつけろよ」

と声をかけてくれるようになっていました。

「もはや、親父の想像を超えたから何も言えないんだと思うよ。テレビの中に嫁を観るなんてことになったら……口も出しようがないんじゃないかなー。近所の人にも『お嫁さんすごいわね』とか言われて、まんざらでもなさそうだ」。

そう、夫は言いました。

いろいろな時代を経て、我が家は変わっていきました。

何より、ひたむきに努力している姿は、皆の心を動かすようです。

子どももほかの家族も、みんな私の本気と覚悟を背中を見て感じるようになってくれました。

「自分たちのネタも何でも話していい。それが誰かのためになるなら！」と応援してくれるようになりました。

そのうち、ブログに嫌なことを書かれることもなくなり、素敵な言葉をかけてくださる読者ばかりになりました。

自分の信念を貫いてぶっちぎりで突き抜ければ、誰ひとり邪魔をする人はいなくなります。

出る杭は打たれることもあるけれど、出すぎた杭は打たれません！

61 がむしゃら禁止令

私は非常に責任感が強く、自分を犠牲にしてでも仕事を優先してしまう傾向がありました。正義を振りかざして、部下を叱咤するようなこともありました。今で言えばパワハラ上司になりがちな人でしたし、そんな時代もあったかもしれません（こっそり告白……）。

仕事の仕方がブルドーザーや戦車みたいだよねと、男性に言われたこともありましたし、夕方になったら髭《ひげ》生えてそう！なんて言われたこともありましたが、確かに男性性強めに仕事をしていた気がします。
男女差別をするつもりは全くありませんが、男性と女性では体の作りは大きく違いますし、男性性強めの方と女性性強めの方とでは、得意なことが違うように思います。2回がんになって仕事の仕方を考えざるを得なくなり、私のこの男性的な働き方はそろそろ変えたほうがいいなと思い始めたことをきっかけに、働き方についてようやく意識し始めました。

男性性は、力強さ・逞《たくま》しさ・行動力・責任感・自己主張・決断力・理想主義、
女性性は柔らかさ・受け入れ・献身的・慈愛・理解・感情・仲間意識・現実主義

などがキーワードだといわれます。

私の働き方は男性性そのもので、常に責任感を振りかざして、行動あるのみ！　獲りに行く！　狩に行く！イメージでした。生産的で結果にもつながりますが、女性がそれをやりすぎると体や心を壊しがちなようです。私だけではなく、数々の女性を分析する中で、その傾向が高いことに気づきました。

目標設定や数字に捉われすぎることなく、その時の感情や感覚を大切にしながら流れに乗ってみる。自分のことも相手のことも受け入れて思いやりを持って接する。
自分にも優しく、疲れたらしっかり休む。
このように女性性全開の働き方を心がけ始めたら、気持ち的に楽に働くことができるようになりました。しかも、結果につながるのです。

誰にでも頑張り時はあって、無理しなければいけない時期もあるかもしれませんが、自然の法則に身を任せてみると、今までより楽に、それでいて成果も出ることに気づくことができました。

ジェンダーもセクシュアリティも多様でいいと思いますが、持って生まれた体をはじめ、どうにもならない違いはあります。女性が女性性を捨ててまで男らしく働く必要はないかもね。

Chapter 5

体を整える

｜健康は幸せの原点｜

心、体、魂（精神）、これら3つのバランスが整っていることが大切です。

なかでも体の健康は、心にも魂（精神）にも影響を及ぼすため、非常に重要です。

ここでは、私が二度のがんを経験して会得した健康法を、その時の状況とともにお伝えします。

溢れる情報の中で〝正解〟を選ぶには、ご自身の体の声をしっかり聞くこと。

ここで述べたことをすべてと思わず、自分の体と相談して真の健康を手に入れてください！

そして、何といっても病気にならないこと！　健康第一です。

62

検診に行こう！

私が自分の生き方を見直し、本音で生きることの大切さを感じるようになったのには、前述した通り二度のがんが影響しています。

最初は40歳の頃。人間ドックの結果、便潜血がわかりました。2回の検便のうち1回に潜血があるとのこと。便が硬くて痔にでもなったのかな?と母に相談すると、がん家系でもあるので、念のために検査してみたら?と、40歳になった記念に大腸にカメラを入れたのです。

そこで見つかったのは異形の細胞。このまま放置するといずれがんになるというものを取りました。次の検査まであまり間を空けないほうがいいと言われ、半年後にカメラ検査をすると、そこでがんが見つかりました。細胞検査の結果を聞きに行った時に、「あ〜、がんでしたね」と軽く主治医から言われた時の衝撃は今でも忘れられません。がんと言えば、ドラマで見るような、「今日はご家族はいらっしゃっていますか？」みたいな重々しい宣告をされるものと思っていたので、あまりの軽さに驚きました（笑）。

その時、主治医に言われたことが私の生活の改善につながったのです。

「病気というのは遺伝もある。でも、遺伝があるからといってみんなが病気になるわけではない。その時の食べ物、睡眠、ストレス、いろんなことが悪いほうにつながった時になるものですから、生活を見直すことが大切だよ！」

なるほど、遺伝のせいにしていてはいけないなと思ったのです。

病気には、その人の生き方が出てしまうものもあります。私は、今の生活習慣を変える必要があると思い、食生活の見直しなど、できることを始めたのです。

63

あなたに合う食べ物は隣の人とは違う

大腸がんになったこともあり、食べ物に気をつけ始めたのですが、これがまた情報が多い！

あるところでは「朝の果物は金！」と言い、またあるところでは「果物は食べないほうがいい」と言う。「お肉はやめたほうがいい」「いやいや長寿にはお肉だ」。

もう、何食べたらええねん？

というくらいよくわからなくなりました。

やってみたものは、ローフード、スムージー、グルテンフリー、乳製品の禁止、マクロビオティックなどなど。いろいろやりましたが、本当によくわからない……。

特に、朝食を当時流行っていたスムージーに置き換えたところ、体が冷えて仕方ない……。

前より不調になる感じでした。
みんながやっているスムージー。誰も調子が悪いとは言っていないし、何で私は調子が悪くなるんだろう?

その後、いろんなことを調べる中で、私の体にはスムージーが合わないということがわかり納得するんですが、その頃、スムージーを飲んでいた友人たちに聞いて回ると、「私も合わなかった。体が寒くて」なんていう人も多く、「スムージーかっこいい」「アサイーボウルかっこいい」みたいな発信にどれだけ踊らされているんだ?と思ったわけです。
ちなみに、私はアサイーを食べると胃が痛くなり、アサイーにアレルギーがあることもわかりました(笑)。

食事や健康に関する正解は人それぞれで、体調や体質によって本当に違います。ですから、今読んでいるこの本すらも、自分に必要な情報なのか?これでいいのか?と、自分の体の声に耳を傾けていただきたいのです!

体が冷えたり痛くなったりすることは自然なことではないのです。
そして、今溜めたものが影響するのは数年後とも言われていますから、現時点での反応を見つつ、数年後の健康のために体の細胞を入れ替えていきましょう!

64 ブスはお腹の中が汚い

大腸がんの初期は全く症状がないので、おそらく自分で病気に気づく人はいません。

しかし、今思い返してみると、私のお腹の中はいつも状態がよくありませんでした。

私はとても緊張が強いタイプで、大きな講座の前になると必ずお腹を壊していました。会場で用意されたお弁当を食べると必ずすぐに下痢になる。なので、お弁当をお断りすることもありました。

子どもの頃は便がなかなか出なくて、母に「ふんづまり子」とあだ名をつけられたくらいでした。

40歳頃はいつもお腹が張っている感じがあって、デブになったんだな～と思っていたのです（笑）。

大腸がんになって、食べ物に気をつけるようになりましたが、前述の通り、何が体にいいのかわからなくなってしまった……。何をしても何を食べても体感できるよさがなく、従来

の生活に戻りつつありました。

肌はガサガサ、見た目はパンパン、髪の毛も乾き、何を食べても太るという状況が続くようになったのです。

友人に、「尚……、肥えたな?」と言われ、一度この人のところに行くといいと紹介されたのがインナービューティーサロン。ここでボディインタープリテーションの小倉侑子さんにお会いすることになりました。体の声を通訳するスペシャリストってすごい~と思って、彼女に体を触られた途端……。

「ひどい体です。冷えがすごい。お腹のガスもひどい」
「あ、やっぱりそうですよね」
「このままじゃ死にます」
「あ、やっぱりそうですか」

体中が冷えているとのこと。太っているのではなく、お腹のガスがすごいこと。これはすべてガスですと言われて納得。お腹の中が汚いので、栄養吸収できていないどころか、老廃物が溜まりガスが充満しているとのこと。体もガチガチになり、肩や首の凝りがひどい。

「何と戦っているんですか?」

と聞かれ、それも思うところがある……と、そこから肉体改造計画が始まったのです。まずはお腹の中。

「口から栄養をとっているのではないのです。口から入れたものが消化され、腸から栄養は吸収されるんです! なので、まずは腸をきれいにしましょう」

ということで、数回のファスティングを経験しました。明らかにお腹周りはスッキリして、細胞は生まれ変わり、髪の毛も肌の調子もよくなりました。

栄養を摂取するのは口ではなく腸。お腹の中がきれいになったことで、次なるステージに入っていくことができました!

※ファスティングは自分の体調をきちんと理解し、プロの指導のもと、行うことをおすすめします。

65 健康はいい油から

体の細胞にとって質のよい油は必須です。ですが、以前の私はあまり考えずに油を使っていました。スーパーで売っている安い油には、トランス脂肪酸が含まれていたり、製造過程で化学物質や石油溶剤が入っていたり、遺伝子の組み換えがされた原料が使われていたりする可能性があります。

トランス脂肪酸とは、マーガリンやショートニングに含まれるもので、主要先進国では使用が禁止されていたり、使用量の制限が義務づけられたりしています。日本では野放し状態のこれらは、動脈硬化や心疾患、アルツハイマー病など、あらゆる生活習慣病に影響することがわかっているのです。

また、飽和脂肪酸が多く含まれるパーム油など、特に外食産業では、使い勝手のいいこれらの油が使われています。しかし、使っていることを公表していないチェーン店がほとんどです。
揚げ物の多くにはこれらの油が使われているそうで、この油は酸化しにくく腐敗もしにくい。そして何と言ってもサックサクに仕上がると言われています。実は我が家……、息子が食べかけのフライドポテトを車の中に放置していました。車のドアポケットから出てきたのですが、遡《さかのぼ》って考えてみると数ヶ月前のものと判明。初夏のことで、暑い時期もあったにもかかわらず腐っていなかったのです。

息子はまだ小学生でしたが、「何でこれは腐らなかったのだろう？」という素朴な問いに、家族みんながギョッとしました。腐らないのはとても不自然だということになり、以来、「行きたい、食べたい！」とよく催促されていた某チェーン店には誰も行こうと言わなくなりました。

菓子パンなどにも、パッケージを見るとショートニングやマーガリン、そしてお菓子にも質のよくない油が使われています。何かを買う時は商品の成分表示を見るように心がけ、それらを摂取することは少なくなりました。

とはいえ、全部ダメ！とすると、それはそれで制約が強すぎて生きづらくなりますから、できるだけ摂らないようにしつつ、時にはポテチもいただきます！

代わりに、アマニ油やエゴマ油など、オメガ3と言われている油は積極的にいただきます。血流の改善や、脳や神経への好影響が期待できるそうです。普段の料理にはオリーブオイル。質のよいギリシャ産オリーブオイルを仕入れている方から、年間必要量を買わせていただいています。

油は毎日使うものですから、気にかけてみて！ 肌の艶が変わり、細胞が喜んでいることを実感します。

66 小麦粉注意報、発令中！

私は小麦粉製品が大好きでした。うどんにパスタ、パン、お好み焼き。今だって大好きです！

ですが、私のお腹の中の状況がよくなかったことに、これら小麦粉の影響があったことがわかりました。

前述の小倉さんに言われて小麦粉を極力減らしたところ、お腹の調子がグッと変わったのです。

小麦粉を食べた際、小麦粉に含まれるグルテンを構成するグリアジンによってゾヌリンという物質が分泌されます。ゾヌリンは、通常細胞と細胞の間を閉じ、細菌などが入らないようにしている腸の構造に悪影響を及ぼします。小麦粉を多く摂取するとゾヌリンの分泌が増え、細胞の間を開きっぱなし状態にするため、不要なものや体に入ってほしくない未消化物をも取り込んでしまい、「腸モレ」を起こします。これをリーキーガット症候群といいます。

不要物や異物が入ると体は反応し、炎症が起きるためにコルチゾールを出します。コルチゾールとはストレスホルモンとも言われるもので、体に必要なものではありますが、慢性的にコルチゾールを出していると血管にも影響し、冷えや肩凝りなどにつながります。

また、小麦粉は悪玉菌を増やし、腸内に炎症を起こすそうです。

小麦粉は美味しい！　今でも大好き！

だけど、今、グルテンフリーが叫ばれているのはこういう理由があってのこと。

下手すれば朝はパン、昼はパスタ、夜はお好み焼きなんてことも、特に子どもが小さい頃の休日にはありがちでしたが、今は週１、２回に留めています。

美味しいものには罠《わな》がある、とは言い切れませんが、大好きなものでも控えめに。体にストレス反応をもたらすことがあるのです。

67 便は便り

これら以外にも気をつけていることは多々ありますが、何が効果があるのかわからないし、特定の食品を食べるのをやめたってすぐに体の調子がよくなるわけでも病気が治るわけでもないし、食べないことにすると今度はストレスが溜まるんだよね、なんて思いますよね？

ですが、**私たちはその効果を視認することが可能です。**

肝臓や心臓などと違い、私たちの体の中には水道管とも言える臓器があります。体内にありながら外につながっている腸です。水道から水を出して、排水口に流れていくことをイメージしたら、何となく理解できますよね？

口から食べたものは、すべて便となって出てくるのですから、それが今の自分の体の状態を証明してくれます！

毎日快便か？　色は黒くないか？　バナナ状のものか？　臭《にお》いはどうか？など、ネットで調べるといいうんち・悪いうんちについて書かれています。

食べ物を変えて、お腹をきれいにして、変わったのは消化力。
そして、出てくる便が別物でした。

「えええ？　何これ？」。写真を撮ろうかと思いましたがやめました。
誰かに見せたかったけど、やめました（笑）。

大腸がんになった時は下痢がしょっちゅう。普段は色が黒い、臭いもある。量もよくわからない、日々違う。今は、「え？　こんなに出るものだったの？」（肩幅くらいの長さがいいなんて聞きましたがどうなんだ？）という量と、水に浮くくらいの軽さや腐敗していない色合いで、毎朝決まった時間に出ます。

一日便秘を経験した時には、苦しくて驚きました。世の中の便秘女子はこれを3日出ないとか5日出ていないとか言っているのか！　耐えられん！と。

68 暴飲暴食は究極の自分いじめ

あなたの出しているものは、あなたの体の状態そのもの。毎日、いいうんちに出会えることを目指して、食事や自分の体と向き合ってください！

職業柄、女性の自己実現にはマインドのチェンジや行動だけではなく、どんな体なのか？が大きく影響することがわかり、どんなお食事を召し上がっているのか見せていただくことがあります。

正直、まともな食事をしている方と、していない方は半半の割合。

コンビニ食や冷凍食品の多用で、なんの栄養吸収もできないな～と思うこともあります。

お子さんがいるならなおさらです。

聞くと、作ることも考えることも面倒くさいとおっしゃいます。

また、暴飲暴食の方も、甘いもの依存症の方も多く見られます。痩せたいんですと言いながら、そんなにあんこにクリーム、小麦粉にポテチを食べていたら無理だよ！と突っ込みたくなりますが本人は真剣です。

暴飲暴食も、自分にまともな食事を与えないことも、実はこれ自分いじめなんですよね。

あなたを動かす肉体に栄養も与えず、鞭打って働かせるのは自分いじめ！と自覚してください。

作るのが面倒ならば、お金はかかりますが家事代行を入れてもいいし、無添加のお惣菜などもあります。自分に優しくしてあげてほしいなと思います。

暴飲暴食も一時的には満足感がありますが、体は悲鳴を上げていますから。

あなたの体に優しいものを食べてください。

自分を大切にすることが、何より第一に優先すること。病気を経験したからこそ言える私からのお願いです。

69

誰と食べるかも大事

食べ物は人と人をつなぐものと思っているので、何を食べるかだけでなく、どう食べるか、つまり誰と食べるかには気を遣ってきたほうだと思います。

ホームパーティをすると、グッと距離が近くなるし、結婚する時も3つの袋なんて言いますよね？　胃袋を摑んでおけば、確かに夫は帰ってきます（笑）。「我が家の味」があれば子どもたちの食の軸になるし、人と人をつなぐものだから大事なんだよ！と伝えてきました。

けれど、一時的に自分を大事にできなくなるのが子育て中。子どものことで手一杯だったんですね。仕事をして、大急ぎで帰ってきて、お腹を空かせた子どもたちの口の中に何かを入れるので精一杯。自分の食事は後回しで、立って食べてつまみ食いで終わり、なんてことも多かったです。

自分のことを後回しにして、仕事と子育てを重視しすぎていたことに気づいたので、今もう一度、食事の大切さを家族と共に実感しています。

美味しいものは人を幸せにする。美味しいものに人は集まる。

子どもには小さい頃から遊びの延長でキッチンに立たせていました。キャンプで一緒に作るごはんも、子どもたちにいい影響がありました。

自分の切ったお野菜がお味噌汁に入っていると、自信満々で「私が切ったんだよ！」と言ったり、上手に揚げ物の準備ができるようになったり。そのうち自分で好きな料理を作るようになり、今では2人とも時々手料理を振る舞ってくれます。

我が家の子どもたちがこの家に生まれてきてよかったと思うベスト3に、「食べ物の大切さを教えてくれたこと」が入っているそうです。

何を食べるかはもちろん大事ですが、誰とどんな時間を過ごしながら食べるかを、これからも大切にしたいと思っています。

70

明日の健康は今から作る

46歳の時、乳がんになりました。

大腸がんになって、「気をつけなさいよ」と体が教えてくれたのに、忙しさにかまけて自分を蔑ろにしてきた結果だな～と思う出来事でした。

病気というのは、特にがん細胞というのは、今突然できたものではなく、何年か前に発生しているそうです。体のことを考え始めてはいたものの、「ああ間に合わなかったな」と感じたことを今でも覚えています。右乳房全摘という大手術を受け、再建のために自分の脂肪を入れるという、全身麻酔を伴う手術を3回受けることになりました。この期間中、自分と本気で向き合い、マインドも体も生まれ変わらせたからこそ、今この本を書いています。

私のように間違った生き方をしないでほしい。

自分を蔑ろにして仕事や育児にのめり込まないでほしい。罪悪感や自己否定で自分を痛めつけるのではなく、自分を大切にすることをいちばんに考えてほしい。

いくら頑張っても、病気になったら強制終了。頑張る以上に大事なのは自分です。手遅れになる前に、今、この瞬間から始めてください。

71 睡眠を疎かにすることは、人生を疎かにすること

大腸がんになった時に主治医から言われた言葉に、がんになった理由を見つけました。

それは、睡眠。

起業して、小さな子どももいる中で仕事をすることはなかなか骨の折れることも多く、その頃の睡眠時間は3時間ほど。睡眠時間を削れば何とかなると思っていました。毎日毎日眠

たくて、だけど仕事に行けばアドレナリンを出して、体を酷使していたと思います。

その頃の私といえば、夜中まで仕事をして、ほとんど倒れるかのようにベッドに入ることが多かったです。時には、気づくと床のラグにくるまっていたり、パソコンにつっぷして寝てしまい、つつつつつつつつつと打ち込まれていることに朝、気づくことも多かった。そんな睡眠で体が休まるはずなどないことに、なぜ気づかなかったのでしょう？

大腸がんになってから、その睡眠を改め、しっかりと眠るように努めました。**7時間睡眠を死守すべく、自分のスケジュールを洗い出し、やめられることを手放して睡眠時間を確保しました。ですが、そこで問題が起きたのです。**

それまでは倒れるようにベッドに入っていたため、あまり気にならなかった夫のいびきのひどいこと……。お願いだから横を向いてと言い、夜中に喧嘩になる始末。何度も起きてしまい熟睡できません。それでも仕方がないなあと思っていましたが、乳がんがわかり入院することが決まった時に、息子からある提案がありました。

「ママは仕事も忙しいし、これから手術をして戻ってきたとしても、また家で仕事をするよね？　その時、リビングでパパのテレビの音を気にしながら仕事をしたり、パパのいびきがうるさくて眠れないということを続けているのは、体にもよくないと思う。だから、２人の寝室を分けて、ママの部屋を作ったらどうかな？」

入院中、息子からたくさんの写真が送られてきました。夫のベッドを客間に置き、リビングから私の大きなデスクを寝室に運び、私の書斎ができ上がっていきました。手術が終わって家に戻り、暖かいベッドと私の大好きなデスクが置かれた自分の部屋を見た時には涙が出ました。

家にいる時間がいちばん長いであろうママたちには、居場所、自分の部屋がある家はほとんどありません。

そのことに気づき、提案してくれた息子に私は感謝しています。

本当だったら言い辛《づら》いであろう、夫との寝室を分けるという考えも、私には思い浮かびませんでした。ですが今、その部屋ができたことによって私の生活は一変しました。

ちょうどコロナ禍となり、私は自分の部屋があったことによって、すべての仕事をオンライン化することができました。売上を落とすどころか、逆に上げることができた。それも自分の居場所があったからでした。

仕事を持つ女性が増え、子育てとの両立を迫られ、男性より女性のほうがやることが多いのが今の日本の現状です。
男性が家事をすることが少しずつ増えてきてはいるものの、男性がママにかける言葉は、「何か手伝おっか?」。まだまだお手伝い感覚です（笑）。

ママが自分だけの時間と部屋を持ち、睡眠だけでもしっかり確保できることが必要なのでは? 有効に使われていない荷物置き場や、パパの書斎より必要ではないかな?と思うのです。

24時間のうち、睡眠に費やす時間は決して少なくありません。それはつまり、人生における睡眠時間は膨大ということ。だからこそ、その質を上げるべきなのです。

未病は命取り

72

そして始まった、ひとり睡眠。
睡眠の質が悪いのは夫のせいと思っていたのですが、朝起きると、とにかくだるい。

首の筋を寝違えることも多く、手術後だし、まあ仕方ないかと思っていました。
また、昼ごはんを食べ終わった頃から異様に眠くて、そこからの仕事のパフォーマンスが落ちることや、体のむくみがあることが気になっていることを友人の看護師さんに話すと、低血糖を起こしているんじゃないか？　貧血ではないか？と指摘されます。

通常の血液検査では調べないフェリチンを調べるように言われ、それ以外にも指定された血液内容を調べると、さまざまな原因が見つかりました。

フェリチンの数値は、50以上あるといいとされるのに5しかない。
お医者様からは貧血も大貧血、頭に血が行っていないので夕方頭がぼんやりするのも当然と言われました。

夜、何度か起きたり、歯軋《はぎし》りで首や肩がガチガチになるのは、低血糖のせいで、夜中は痙《けい》攣《れん》寸前の数値だったこともわかりました。

これは、よかれと思ってやっていたオートファジーダイエットという16時間断食や、飲酒による肝機能の低下が原因。手術をした私の体にはよくなかったのです。

肩凝りも、首が痛いのも、夜の眠りが浅いのも、日中ぼーっとするのも、そんなもんだろうと思っていましたが、治療を始めてから、嘘みたいに元気になりました。

未病と言われるものは、知らない間にいつか病気になります。

私は病気になって、ようやく自分の未病に気づきました。

だから、大事にしてほしいのです。

体が痛い、むくむ、だるいなどはそんなもんだろうと思いがち。だけどそれらががんの原因になることもありますし、さまざまな病気につながる可能性もありますから、決して馬鹿にしないこと。

人生１００年時代だからこそ、健康寿命を延ばすことが大切です。

73 長引くストレスは病のもと

ストレスというのは、さほど悪いものではありません。

すべてなくす必要はないと、私は思っています。

ストレスを感じるからこそ、もっとよくしようとしていい製品が生まれたり、ストレスがかかるから、働き方が見直されて会社のルールが変わったり、ストレスによってよい方向に変化することもあります。

負けたくない！とか、そういった気持ちもある意味ストレスに近いかもしれませんが、それらがモチベーションになることもあります。

ただし、瞬間的なストレスはそんな原動力になったとしても、慢性的なストレスは、さまざまな未病、病気の原因になりえますから注意が必要です。

仕事のストレス、子育てのストレスなど、私たち女性には多種多様のストレスがかかります。

いつも時間に追われる生活、育てにくい子どもの学校からの連絡、パワハラ寸前の会社、度重なる残業、義母の機嫌取りなど、それぞれは小さなことでも、そのたびに体は緊張して血管は収縮し、内臓に負担がかかります。そして、それらが続くと、大きな病を引き起こす可能性もあるのです。

私自身も常に時間に追われ、もっと頑張らねば価値がない、仕事を完璧にこなしたいと、頑張り続けた時期が長かった。

だけど、病気になって、自分の体を酷使してまでやることなどひとつもないということに気づきました。だから、働き方も考え方も変えました。面倒なことははっきり断る。自分のことを優先しています。

休むのが苦手、休むことに罪悪感を覚えるという方は、相当おかしな脳みそになっていることを自覚したほうがいい。って、私がそうだったから言えること……。

　ストレスを長引かせないことは本当に重要です。

嫌なことは嫌だ、できない時はできないと言う。

そして、そんな自分を許すことが大切です。

74 香りで副交感神経をオン

　ストレスが長引いたり、低血糖で動きづらい体をアドレナリンを出して奮い立たせたり、

そんな時には自律神経の乱れが生じます。

　自律神経とは、体に血液を流したり、内臓の代謝をコントロールしたりする神経。私たちの体は、毎日自分でスイッチを押して血液を流したりすることなく、自動的に自律神経がお世話してくれています。

　病気になって体のことを勉強するほどに、私たちの体とは何と奇跡的なものなんだろうと思います！

私たちの意思とは関係なく、いつも頑張っている自律神経は、交感神経、副交感神経によって成り立っています。

交感神経とはアクセルのような役割。緊張状態や興奮状態で活性化します。

副交感神経とはいわばブレーキ。リラックスモードで活発になります。

私の場合、この交感神経がバリッバリの優位で常に戦闘モード（笑）。とにかく休むことが苦手でした。

休んでいると、サボっているような感覚や不安に陥り、何かと動いてしまうのです。

そして、仕事を始めたら常に興奮状態（笑）。相当こじれていました。

ですが、病気をきっかけにすべてを改め、リラックスして休む大切さを理解しました。できる経営者たちは、休息の時間をとても重要視しているといいます。

常に忙しくして、自分をコントロールできないようではダメなんですよね。

日々のストレスを減らし、少しでも疲れたら休むこと。

私は温泉やサウナに行く以外にも、自宅でよもぎ蒸しをできるようにしました。

自律神経は、自分の意思ではコントロールできないからこそ、リラックスできる状況を意識的に作ることが大事。

入浴時に好きなバスソルトを使う、アロマやお香をたくなどすると、香りは嗅覚に直結してリラックスモードに切り替えてくれるので、積極的に取り入れていただきたいことのひとつです。

75 4-7-8呼吸

呼吸が大切なのは言うまでもなく、私たちは呼吸をしなければ生きていけない。

私がいつも言われていたのが、呼吸が浅いということ。

呼吸が浅いと、頭の細胞に酸素が回らず、ひいては体中に栄養が回らず、内臓や臓器にも悪影響を及ぼすといいます。

細胞に酸素が行き渡るまで呼吸しなきゃ！ってなかなか思わないですもんね。

忙しくストレスフルだと呼吸は浅くなりがちなので、そんな時こそ呼吸を意識するようにしています。

ヨガやトレーニングでも呼吸をとても重視しますよね？　リラックス効果もあるといいます。

私は朝と晩に瞑想をするのですが、その際、鼻から吸って口から吐く。鼻から吸う時はいいイメージを吸って、口から吐く時はハーッと悪いイメージをすべて吐き出します。

その後は、鼻から吸って鼻から吐く呼吸に戻して、脳全体に酸素が回るようイメージしています。

これを意識的にやることにより、その日の体調もわかります。

「何だか肩甲骨周りが固まっているな」とか、「深い呼吸がしづらいな」など、自分の体の声を聞いています。

不眠や不安を感じる時は、4-7-8呼吸も効果的です。鼻

から4秒かけて息を吸い込み、7秒間止める。そして、口から8秒かけて吐き出す。

自律神経が調整できたり、リラックス効果があったりするそうです。

ただ……、この呼吸をやって思い出すのはタバコ（笑）。

昔、タバコを吸っていた時期がありましたが、タバコってリラックス効果があって依存性もあったけど、この呼吸が少し似てる（笑）。

今では、タバコがなくても、5分間くらいこの呼吸をしてたらリラックスできるじゃん、と思うのです（笑）。

76

鏡を見るたび姿勢をチェック！

おばちゃんになると姿勢がおばちゃんになります。

周りの同年代の方を見ていると、姿勢がいいか悪いかで、年齢が変わって見えます。

運動ももちろんしたほうがいいですが、それよりも毎日の姿勢を気にするかしないかで、見た目の老化を抑えられるならば、姿勢を正したほうがいいと思いませんか？

お腹を引き込み、内臓下垂にならないように気をつけると、ぽっこりお腹が解消されるし、骨盤底筋を意識して、膣を上に引き込むなどの姿勢矯正の簡単なエクササイズを日頃からしていると、大きくお腹がたるんだりすることも、尿漏れもなくなります。お皿を洗う時、電車に乗る時などに心がけるようにしています。イメージはお尻に紙を挟むイメージです。

そして、意外と多いのが膣脱。

こうなると、夜の営みも辛くなるという人が多いです。

意外と馬鹿にできず、周りに症状を訴える人も増えました。

「年です！」

と片付けるにはまだまだ先が長いですからね。骨盤底筋を鍛えるエクササイズが有効だそうで、**膣からところてんを引き上げるように（笑）イメージしてください！**

また、いい姿勢を心がけていないと、首のくりっと出た骨の上あたりに厚いお肉がのります。

モリモリなトンカツが1枚そこにのると、急に老けて見えるので要注意です。

運動するにしても、姿勢の悪い状態では変なところに筋肉がついてしまうので、普段から、鏡があれば姿勢をチェック、お風呂に入る前はボディチェックで、大きく変化する前に、プチ変化に気づくことが大切だなと思っています。

77 ブラジャーはいい仕事をしてる！

パーソナルスタイリングの仕事をしている時、骨格診断なども行っていました。

その際、やたらと皆さん、胸の位置が低いなあと思い、確認すると大体ブラトップをつけていました。

楽ちんですし、大好きなのはわかりますが、胸の位置が低くなると、これまた年齢が上に見えます。

もちろん、加齢で胸が下がるのは間違いないので、むやみに上げて寄せてーー！を推奨するつもりはないですが、胸の位置が低かったり、左右に胸が流れたりしてしまうと、やっぱり残念な感じになるんですよね……。

って、これは私自身の経験でもあります。
ですので、お洋服をキレイに着こなしたかったら、ブラジャー選びを大事にしてくださいねとお伝えしていたのですが、それが顕著に感じられたのは、まさかの右乳房摘出後の話なのです！

私は右胸がなくなりました！
右胸は、術後しばらくワイヤー入りのブラができません。
この後の乳房再建をどうするか？　考えたかったので時間を置きました。その間、ブラトップを使用。

すると1年後……。

エキスパンダーという、乳房再建前の準備のためのお水が入った袋入りの右胸の位置はそのまま。**何でもないはずの左胸が、明らかに3㎝ほど下がりました（笑）。**

えええ！

こんなに下がるの？

驚きましたが、ブラジャーというのは、なかなかいい仕事をしてくれているようですよ！

今は右胸に脂肪を入れ終わり、ワイヤー入りのブラができるようになったので、見た目を整えられています。

胸の位置がだらしなくなるのは年齢的に仕方ないけれど、でも、まだまだお洋服を着た時スタイルアップしたい！ということで、私は体に合ったワイヤー入りのブラをつけることをおすすめしたいと思うのです！

78

今がいちばん若い！

大人の遊び？　ゴルフを始めました。

結婚前、夫とゴルフを始めたのですが、大してうまくもないのに（笑）、私にやたらと指導する夫にブチギレて、２人でゴルフをやめました（笑）。

二度とするまい！と思っていたゴルフですが、何かスポーツを始めたいなーと、周りでやっている人が多いゴルフを再びすることに。

やはり餅は餅屋ということで、パーソナルトレーナーをつけて指導してもらっているのですが、あの時……指導をつけていればよかった。

プロってすごいですね。

2打確認したら、すぐに何がダメなのかがわかる。教えていただくことで、少しずつですが上達していることがわかります。

ひとりで打ちっぱなしに行って、ああでもない、こうでもないと考えながらうまく打てた時の嬉しさよ！

ゴルフは、お年を召した方もやっていらっしゃるので、これからの趣味として楽しみたいと思っています。

私たちの身体能力や認知機能は、残念ながら若い頃をピークに下降していきます。若い頃にやっていたことは年を取ってもできるけれど、年を取ってから新しいことをやろうと思ってもできないことも多いそうです。

なので、40代、50代のうちにいろいろなことにチャレンジしておきたいですね！

Chapter 6

自分の軸を整える

| 次なるステージに進むために |

より豊かな人生を手に入れるためには、自分の軸をしっかりと作ることが不可欠です。

この本の最後に、あなたらしく生きるためのヒントや行動の仕方についてお伝えします。

この後、まだまだ続くであろう人生をどう生きるか？　私たちには選択することができます。

私たち女性がしっかりと自分らしい生き方へのビジョンを持ち、
手に入れたい未来に向けて行動すれば、必ず実現できると信じています。

79

基準を上げると人生が変わる

片付けができないところからスタートした私の生活改善において、何より変わったのはマイスタンダードです。

どういうことか？と言うと、
片付けを始める前の私は、床にモノが落ちていても気になりませんでした。
日常の景色だったからです。

今の私は、床にモノが落ちていたり、置いてあったりしたらすぐに片付けます。
これはマイスタンダードが上がったからです。

毎日サプリが飲めないとか、
神棚に水をあげられないとか、
運動が続けられないとか、

そういうこともすべてが変わっていきました。

皆さんは、体重が何kg増えたら焦りますか？　3kg太ったら？　10kg太ったら？　成功者と言われる人たちをそばで見ていると、皆さんその基準はそれぞれですが、やはりさまざまなことのスタンダードのレベルが高いと感じます。

食べるものの基準、
寝る時間の基準、
整理や片付けの基準、
朝起きる時間の基準、
体重の基準など。

あらゆる基準を一気に成功者レベルに上げるとなると、「こんなハイレベルなことはできない！」と思われるかもしれません。ですが、最初はハードルが高くても、慣れてきて習慣化されれば、それが当たり前になるのです。

ひとつやってみる。できたら次もやってみる。

行動が変わると、そのうちに習慣が変わります。
習慣が変われば人生が変わります。

幸せな人や成功者には、シンデレラストーリーが起きているのだろう。いつか私にも！と思っているとしたら（私だけか？〈笑〉）、それは違います。

努力とか我慢とかいうのではなく、手にしたい豊かさを思い描くと、自然とその行為をするほうがいいだろうなと思え、その行動を継続している。そんな軽やかさを感じます。

さあ。今日から何かひとつ基準を上げるとしたら？
ワクワクすることから始めてみてください！

80 素直さは最強のサプリメント

お客様や受講生の多くは、生活や自分を変えたくて私のところにいらっしゃいます。

変わりたいと言いながら変わらない人、変わりたいと言って１８０度変わっていく人、どちらもいらっしゃいます。

この差は何か？というと素直さです。

素直に聞く、素直にやってみる。これが大きな大きな差を生みます。

「こうしてみたらどうですか？」

「でもそれは……」

「やってみたけどこうでああで（自己流やっていて、アドバイスどおりではない）」

　こんなふうに言っている人たちは、やっぱり変わらないと文句を言ったり、ふてくされたりしますが、心の底では変わりたくないんですね。

「変わりたい」と口では言っていても、変わらないほうがメリットがある、利益がある場合、やめようとは思わないのです。働きたいと言いながら、可能性を探すために動かないのは、働かないほうが得などと思っている。片付けも起業も親子関係も、みんな同じです。

　変えたいと思うのであれば、どんなに「変わらないメリット」が邪魔をしたとしても、素直に行動してみる。やってみて初めて気づくことや、自分の思い込みをなくすことができます。

　子どもでも大人でもおばあちゃんでも、素直さは大事。

　柔軟性を持って相手の意見を受け入れることって、生活を豊かにしていきます。

　私の義母は、とてもお茶目な人でした。普通は嫁のやることなんて何でもむかついたり、気に入らなかったりするものなのでは?と思っていましたが、義母は、尚ちゃんが来てからいろんな考え方を知ることができたとか、美味しいレシピが増えたとか、「お友達からも、よくそんなこと知っているわね～って言われるのよ～」と喜んでいました。

私もそれを見習って、子どもたちからの教えには必ず耳を傾けています。そして時にはやってみます。

そうやって素直に行動していると、必ず新しい出会いがあったり、新しい知識が増えたりする。だから90歳になっても素直でいたいと思っているのです。

素直さは最強のサプリメント。

今までもこれからも、あなたが思い描くように自分軸を整えていくために、欠かせないものです。

素直ではないな～と自覚がある方はなおさら、素直に行動してみることをおすすめします！

81 答えはあなたの中にある

片付けの仕事をし始めた頃、毎日毎日、今日はうまくできるだろうか？　お客様の質問にきちんと答えられるだろうか？　そんな緊張感でいっぱいでした。

片付けのプロなんだからなんでも答えられなければならない。そんなふうに思ってガチガチになっていました。

でも、数稽古をこなすごとに思うようになったことは、「答えはあなたの中にある」ということ。私の答えなど必要なく、大事なのはその方がどんな答えを自分で出すか？　それが何よりも大事なんだと気づきました。

「わからない。できない」

結構、平気でこの言葉を使ってしまいがちですが、問いかけることで、最後には必ずお客様の中から答えは出てきました。
AとBならどっちが好きですか？と比較して質問したり、今までの経験を探ったり。必ずお客様の中に答えはありました。

私が教えてあげなきゃなんて思っていた自分を恥じました。

前述の通り、「わからないと言わない」を我が家のルールにした理由もこれ。お客様から気づきを得て、子どもたちも、私自身も、誰もが、「自分の中に必ず答えはある」。そして、自分の答えをもとに、〝行き先〟であり〝生き先〟を決める。

主体的に生きることは何より大切だと思っています。

82 生き様は死に様

「生き様は死に様」という言葉を聞いたことがある人は多いかもしれませんが、自分の死に様について考えたことがある人は少ないと思います。

私たちは死に方を選ぶことはできません。
でも、どう生きるかは決めることができる。

二度のがんを経験して、それまで全く持っていなかった死生観のようなものが生まれました。

私には大叔母がいました。生涯現役の経営者で、94歳で亡くなりました。その大叔母の最期は驚くべきものでした。

いつも仕事がいちばん大事で、そこに関わる人たちがとても大事。それをずっと貫いていた人なのですが、具合が悪くなって危ないかもと、家族が病院に呼ばれてから亡くなるまで2週間以上、生きました。

これにはお医者様もびっくり！　その2週間で、これまで大事にしてきた交友関係、人間関係、ほぼすべての人が大叔母の枕元を訪れてくれました。

自分の昔の部下が来ると、もうほとんど話すこともできなくなっていた大叔母は、身振り手振り、そして口を動かして、その部下に指示を出すのです。部下の方も、昔と変わらない指示の出しっぷりに笑っていました。

もう間もなくでしょうと言われてから、目の前でこんな生き様を見せられ、生き様と死に様はイコールなんだなあと考えさせられました。

死に方は選べないけど生き方は選べる。そして、人は生きたように死んでいくんだなあ。数々の看取《みと》りを経てそう思います。

私はお葬式にたくさんの人に来てほしいと思っています。面白かったよね、楽しそうだったよね、そんなふうに昔話を語ってもらって、最後は拍手で送り出してもらいたいなと思っています。「拍手なんてするの？」などと言い出す人がいないくらい、よくよくやったわ、よく生きたわ！とみんなに賞賛してもらい、拍手喝采で見送られたいと思っているので、皆さんよろしくお願いします（笑）。

皆さんも、どう生きるか？　どんな最期にしたいか？　どんな最後の言葉で見送られたいか？　考えてみてください！

83 ライフワーク、ライトワークを目指す

人生１００年時代と言われるようになり、まだ折り返し地点前の方、あるいは折り返し地点を少し過ぎた方もいらっしゃると思いますが、それでもまだほぼ折り返し地点です。折り返し地点までには、ただ遊んでいればよかった幼少期や学生時代がありましたが、ここから先はまだまだ働いたり、これまで経験したことのないようなことを経験していくかもしれません。

いずれにせよ、まだまだ先が長いのであれば、ただ生きるのではなく、生きがいややりがいを持って過ごしたいと思いませんか？

好きなこと、楽しいこと、情熱を持ってできること、それは何でしょうか？

自分にとって簡単で得意なこと、それは何でしょうか？

単純に、得意なことを自分だけで楽しむのもいいですし、趣味として手芸やゲームを楽しむ、アイドルの追っかけなどをする、これもいいと思います。

ですが、これらが誰かが必要と思っていること、社会に貢献できることや、お金をいただけるような仕事に繋がっていくと、天命とか使命と言われるものに変わります。

この使命には、自分にばかりベクトルが向いている時は、なかなか気づきません。外に目を向けた時、困っている人がいる事実に気づき、自分にできることが見つかるのです。

お金をもらうだけのライスワーク。

楽しみで満たすライクワーク。

使命感を持って、一生をかけて行うライフワーク。

宇宙からの天命とも言われるライトワーク。

せっかく長く生きるのなら、いろんなワークができるように成長していきたいですね。

84

逆算して生きる

私は、おばあちゃんになっても白髪頭でライダースを着て、シャンパン片手に老若男女問わず、仲間と楽しくお喋りして、世界を飛び回っていたい。そして孫と遊びたい！　孫にお小遣いもあげられるおばあちゃんになると決めています。これが、私が叶えたいプライベートな未来です。

ただ漫然と多忙な毎日に追われてきた私ですが、そう決めてみると、その日を見据えて優先順位をつけて行動するようになり、ただ目の前の忙しさに踊らされているのとは少し変わってきました。

ごはんも、将来、孫が見たいから子どもたちに健康的であってほしいと思って作るし、「こんな夫婦になりたくないから結婚しない」なんて子どもたちに植えつけることがないように夫と仲良くしておこうとか（笑）、いつまでもライダースが着られる体形でいようとか、高齢になってもできそうだからゴルフを始めようとか、仲間を今から大切にして、世界各地に友達がいるようにしよう！とか。そんなふうに考えたら、やることいっぱいです。

だから、少し子育ての手を抜いたり、家事をサボったりなんてことも、時には必要です（笑）。

いっぱいいっぱいにならないように、自分の将来に大きく関わらないことから手放しちゃいましょう！

そう思えるようになったのは、義母の看取り、義父の介護を行ってきたからだと思います。介護も育児も、仕事と家事の両立も、大変なことは熟知しているからこそ、皆さんにお伝えしたいのです。どんなおばあちゃんになるか？　今からワクワクしながらその時を待つ。年を取ることが楽しくなるような未来予想図を持つこと。そしてそうなるように生きること。

今も義父の面倒を見ていますが、私には無理だなと思ったら、速攻で老人ホームに入ってもらうことになっています。これは義父も夫も家族も同意の上でのこと。同じ立場になった時のことを考えて、私も貯金しておくつもりです。

思い描く未来から逆算して、今やることを考えることが重要です。

そうすれば、ただただ大変に思えていたことも、将来の自分のために、やりたいことに変わるはず。

今のままでは未来は変わらない。目的は叶いません。

自分の今を変えることで、手に入れたい未来を掴むことができます。

自分の今を変えるには、毎日の行動を変えることです。

遠い先でなくてもいいです。少し先の未来を思い浮かべ、皆さんも逆算して今日からやることの意味づけを変えていきましょう！

85 ただ決めるだけ

私たちは、自分の思い込みやこれまでの経験から知らず知らずのうちに組まれた、〝自分プログラミング〟の中で生きています。

過去に言われ続けてきた親からの言葉、過去の失敗や成功から、こうすればいい、ああすればいいと決めている。

すべてが過去の延長線上にあるように思っていましたが、それは違うことに気づきました。

どんな過去だろうと、どんな自分であろうと、これからはこうやって生きていく！と決めれば、あとは勝手にそのゴールに向かい自動運転が始まる。

頭の中で決めた途端、網様体賦活系（RAS）という機能がそのために必要なことをキャッチして、そのゴールが叶う証拠探しをしてくれるのです。

乳がんで入院していた時のこと。手術の終わった夜、痛みと悲しみで眠れませんでした。寝てはすぐ起きての繰り返し。そんな時、「すいませ〜〜〜〜ん」とおばあちゃんが叫んでいる。

普通ならば、看護師さんを呼ぶ時はブザーを押しますが、どうもおばあちゃんにはそれがわからないようです。看護師さんに届く大きな声もすごいですが、自分の訴えを聞いてもらうと、大きな声で「ありがとう〜」と言っています。

もうひとりのおばあさんは、看護師さんを呼びつけて、自分がいつも飲んでいる睡眠薬を出せと困らせている。その病院で出せる睡眠薬は決まっていて、同じものは出せないと言っているのに、おばあさんは引き下がらず、看護師さんも大変そう。

〝ありがとうおばあちゃん〟は昼間も同様に、ブザーの代わりに大きな声で叫んでいる。そのたびになんだか微笑《ほほえ》ましい会話が聞こえてくるのです。多分もう認知症が始まっている。それでも持ち前の可愛らしさって出るんだな〜と思いました。

認知症が始まっても可愛らしくいられるって、多分、ずっと可愛くて、気立てのいい方だったのだろうと想像できます。老害と言われるような攻撃的な老人にはなりたくないですが、これまでの生き様が出るのかな？と思います。

ある時、看護師さんたちが立ち話をしている声が聞こえてきました。

「○○さん、本当可愛いよね～。呼ばれていくとなんか癒されるんだよ」。多分あのおばあちゃんのことです。

その時から、私は可愛いおばあちゃんになろうと決めました。

どちらかというと後者の主張の強いおばあさんのほうが本来の私に近いけれど、前者の可愛いおばあちゃんみたいになろうと（〈笑〉、そうじゃないと姥捨山《うばすてやま》に捨てられかねないからね）。


しっかり者で通っていたのに、いつの間にか、ぼんやりした天然キャラに思われるようになりました（仕事の時にはスイッチが入るけど）。

何でも自分がやらねばと思っていたのに、今はみんながやってくれるので、いっつも「ありがとう～」「ありがとう～」と言っているだけ。なぜかいつも「ママ、大丈夫？」と言われるほどにキャラ変してしまいました。

そのうち、こんなんで本当に仕事ができる人なの？という疑いが持たれるほど、家ではリラックスした人になりました。


いつもいつも私が全部やらなければと思って肩肘張っていたのに。このままだと、主張の強い可愛げのないおばあさんになってしまうから、可愛いおばあちゃんを目指そうとイメージを変えた途端、私はみんなに助けられるタイプにチェンジ。

ただ決めるだけ。
本当は、あまり難しく考えずに、ただ決めるだけで脳の自動運転は始まる。

私たちは、しがらみや思い込み、誰にどう思われるか?などに振り回されすぎてしまいがちです。

本音の自分はどうありたいと願っているのか。過去も経験も手放して、本当に行きたい目的地をナビにインストールしてみてください！

86

一年に一度、決めるだけ

遠い未来に想いを馳せたり、将来のことを考えるのが苦手という人は多いと思います。

現実主義のリアリストは、夢物語のような願望も思い描きにくい。

ですが、年初めにこの一年をどんな年にしたいかな〜？くらいは考えられると思うのです。

何をするかのTO DOではなく、どうありたいのかのBEを決めることを毎年しています。

２０１７年　安心安全　穏やかな日常

この頃はとにかくジェットコースターのような毎日だったので、安心安全にいられる場所を作ろうと決めました。この頃はキツかった。

２０１８年　私らしさを取り戻そう

起業して8年、経営者としての役割を意識しすぎて、本当の自分らしさを見失っていると感じていました。

2019年　私の人生！　ど真ん中を歩く

いつも私以外の何かや誰かを優先していると感じていた頃。

2020年　新しい自分に出会う

自分で決めつけている私ではなく、なりたい自分に変化していけると感じた頃です。

2021年　最大限に私を活かす

仕事でも家庭でも、もっともっと自分を活かせる場所ってあるなと思い、コロナ禍で自分を見つめ直して仕事のやり方も変えました。

2022年　すべてを愛で返す

どんな嫌みも、どんな嫌なことも、誰かに言葉をかける時も、正しさを押しつけるのではなく愛で返そうと決めました。

2022年は私にとって大きな節目になりました。何かあれば、覚えていやがれとばかりにやられたらやり返す100倍返し（笑）なところがありましたが、戦闘モードは疲れますからね。

こうやって振り返ると、その一年のテーマはすべて果たすことができ、この数年間で私の体も、心も魂も大きく変化してきました。

毎年毎年、積み上げていくと、いつの間にか成長や変化が見られて、去年よりも自分に自信が持てるし、好きになっています。

これもただ決めるだけ。
一年に一度決めるだけです。

時々、自分のその年の理念に立ち返り、その時の指針にしたり、行動修正したりしてみてください。毎日意識していなくても、テーマは結果的に叶うもの。一年一年の積み上げが人生を創ります。

87 学び続ける

起業することになった時私は専業主婦で、経済的にも不安を覚えていました。家庭に入る前は、自分で働いて自分の欲しいものを買えたけれど、専業主婦は夫の給料でやっていかねばならない。欲しいものも夫に買ってと言う必要がある。

なんか少し違うな～と思ったのが、起業のきっかけでした。

経済的に自立したいと思ってやってきたのですが、自立という意味は辞書で調べると、

自立＝他の助けや支配なしに自分一人の力だけで物事を行うこと

とあります。

もうひとつの自律は、

自律＝自分の気ままを押さえ、または自分で立てた規範に従って、自分のことは自分でやっていくこと。

こちらのほうが私としてはしっくりきます。周りの素敵な女性たちは皆さん自律されています。自律型組織とか自律型人材なんて言葉も聞きますが、自律とは、自分の意思で行動できること。指示待ち人間ではなく、能動的に動く組織や人のことをいいます。

日本の女性は、自分はこういう人間ですとか、私はこんな世界を大切にしているとか、そういったアイデンティティみたいなものを持っている人、それを言葉にできる人が少ないと思います。

日本の教育が、押し並べて〝みんな一緒〟の協調性や、全員が同じレベルを目指すような教育なので、自己主張や個性はあまり必要とされませんでしたし、むしろマイナス評価だったところがあると思います。

ですから、いきなり「あなたはどういう人間ですか？」「何が好きですか？」と問われると、面食らってしまう女性が少なくありません。

しかし、今の世の中において、終身雇用制は揺らぎ、未曽有《みぞう》の災害が起こり、私たちは国に守られ、夫に守られという生活から卒業しなさいと言われている気がします。

では、突然、自律しなさいと言われた時に何をしたらいいのか？

家の中に収まっているだけでは変化はありません。

流れてくるＳＮＳの情報を見ていてもあまり役には立ちません。

将来を見据えて自分に必要な情報を得て、学ぶことだと思います。


私は生涯学び続けたいと思っています。

学生時代は詰め込み型の学習が好きではありませんでしたが、**大人になってからの学びは、すぐに自分の生活に落とし込むことができます。**

ライフステージが変わる時、
ステップアップしたい時、
いつも本屋さんに行きました。

今でも時間があれば本屋さんに行き、並べられた本を見て世の中の流れを感じています。

セミナーに出たり、学校に行ったりもしています。


学びや教育は私たちの世界を広げてくれます。今はオンラインで無料で学べることも多いですし、家にいながらにして学ぶこともできます。

毎朝、耳に入れたイヤホンで動画を視聴しながらお弁当を作ったりしています。

いくつになっても、学びは私たちを成長させてくれます。

この動きの速い世の中では、学びはこれまで以上に大切になっているのではないでしょうか。

88 自己実現から自他実現へ

前項で述べた自立には、**他の助けや支配なしに自分一人の力だけで物事を行うこと**という意味があると述べました。

この言葉について、私が「う～ん」と思うのは、**ひとりの力だけで物事を行うという部分に引っかかる**からです。

私自身、自立を目指して自分で何とかしなければいけない！　私が必死でやらなければいけない！　私が頑張らなければいけない！と思ってきました。

その間は孤独で、いつも不安に駆られていました。

ですが、それは違うと思い、自分の行動を改めて、仲間を信じ、共に創造し始めた時、景色が変わっていきました。

私たちは、人に迷惑をかけないようにと言われて生きてきたけれど、迷惑をかけることと、一緒に何かを創り出していくことは違います。

ひとりでできることなんてたかが知れているんだから。


「ねえねえ、手を貸して～」

「ねえねえ、一緒にやろう～」


互いの得意を持ち寄って実現していく世界は、ひとりで作る世界では考えられないほどの化学反応を起こします！

マズローの欲求五段階説をご存知でしょうか？

❶生理的欲求　生命を維持するための基本的欲求
❷安全欲求　身の安全への欲求
❸社会的欲求　他者と関わりたい、集団に属したいという欲求
❹承認欲求　自分を認めたい、他者から認められたいという欲求
❺自己実現欲求　能力を発揮し、創造的活動をしたいという欲求

その上に自己超越があり、それは夢や理想を叶えるような体験をしたいという欲求を指します。

これらは漸進的（一つひとつ達成していく様）に満たされていく必要があるといいますが、私たちの住む日本では、大抵は❸までの欲求は満たされやすいため、承認欲求が強い人が目立つかもしれません。

ですが、改めて女性たちの今を見ていると、生命維持できる体ではなく疲弊している、家が安心・安全ではないなど、実は❶と❷を整えたほうがいいことが多いなとも感じています。

それゆえ、これらすべての欲求を満たすための講座を始め、より詳しく女性たちの実態を理解しているところです。

可能ならば、今世で「❺自己実現欲求」を満たすことができたらいいですよね！

さらに可能ならば、自己超越もしちゃいたい！

そのために私が重要だなと思っているのが、
自己実現を超えた自他実現（実際に存在する言葉ではないと思います）です。

この学びをもっとみんなとシェアしたいな！

この喜びをみんなと一緒に味わうためには何ができるかな？

もっと誰かを手伝うことで、たくさんの人の暮らしを豊かにする方法はないかな？


自分を満たしたら、もっとたくさんの人と喜びを共有できるよう意識して動く。

そうすれば、あとはシャンパンタワーのように、豊かさは自然と外に溢れ出る。そして、もっともっと幸せは伝播する、増えていく。

誰かの自己実現を応援しながら自分の自己実現も満たすこと。これを私は自他実現と言っています。


自他実現で驚くほど豊かさが広がります。幸せが伝播します。

だからぜひ、自己実現の次に自他実現を意識してみてください。

誰よりもあなたがいちばん幸せを嚙みしめられるはずです！

おわりに

この本の担当編集者の原 里奈さんとの出会いは、雑誌『ＶＥＲＹ』の読者座談会でした。雑誌の企画のために、読者との雑談の中でネタを見つける、そんなライターさんたちのお仕事についてこられたのが、当時『ＶＥＲＹ』の副編集長だった原さんでした。

その頃、私は専業主婦で、バリバリのキャリアウーマンだった原さんにドキドキしながらも、せっかくのこの時間、何か持って帰っていただけるものがあるといいな～と口にしたのが、「デニムは主婦の制服」という言葉でした。そのひと言を気に入っていただき、『ＶＥＲＹ』の読者モデルをしたのが２０１０年３月のこと。本書の刊行が２０２３年３月なので、丸13年前の話です。

その際、私が整理収納アドバイザーを目指しているとお話ししたところ、その後、「30代のインプット」という特集に出させていただき、その記事が反響に反響を呼び、今でもそのページの切り抜きを取っておいてくださっている読者の方々が、私のもとを訪れてくださいます。

この時も、当時から意識していたコミュニケーションや仕事の仕方、相手の期待を超えようという思いなどがあったからこそ、原さんは何年経っても私を覚えていてくれたし、ブログの読者でもい続けてくださった。それが今回の本のオファー、出版につながったと思っています。


私は人並外れたセンスがあったわけでもなく、才能があったわけでもありません。

ただただ当たり前に思うこと――出会いを大事にしたり、相手の価値観に興味を示したり、家を整えたり――誰もがやっているようなことをやっていただけです。

ですが、当たり前のことって、当たり前に続けることが難しいことも知っています。

昔は三日坊主にすらなれないと、よく母に叱られていました。


それがどうして継続できたか?

そこには、片付けられない時代や、自己肯定感が低くて苦しさを覚えた時期の記憶がありました。私のように残念な時間を過ごしてほしくない、時間を無駄にしてほしくない。日本の女性たちがもっと楽に楽しく美しく過ごせたら、家族が変わり、日本はもっと豊かになる。そんな女性が増えたら日本の子どもたちの未来はもっと豊かになる！　そう信じて疑わない、強い思いがあったからだと思います。

ここに書いたことは奇をてらったことでもなく、そりゃそーよねーという当たり前のことも多いと思います。ですから、まずはできることから始めてみてください。

88の言葉が無意識に体になじむまではトレーニングです。

できた、今日はできなかった、あれ？　いつの間にかできている。

そんなふうにきっと変化を感じていけます。


私たち親世代、大人たちがもっとラクに楽しく生きていくことができたら？

細胞も喜び、家も美しくなり、顔も変わっていきます。

元気になるし、魅力的になるし、美しくなる。

ここに理論理屈はありません。


88の言葉を無意識に実践できてきたな～と感じる頃には、きっと皆さんの生活は今より１００倍豊かになっていると思います！　末広がりの88ですから！

みんなで一緒にもっとラクに、楽しく、美しく生きていきましょう。

子どもたちの、明るい未来の日本のためにも。

最後に、この本を手に取ってくださった皆様に心からお礼申し上げます。
いつも応援してくれる読者の皆様、私を支えてくれる家族や仲間たち。
そして、刊行にあたり約1年半も見守ってくださった原さんに！

ありがとうございました。

2023年3月　鈴木尚子

著者　鈴木尚子（すずき・なおこ）

横浜市在住、1男1女の母。出産後、片付けに悩む中、独学で生活を改善、思考と空間を整理するライフオーガナイザーとして起業。2011年SMART STORAGE!　を創業し、片付け業界を牽引。現在は、女性がもっとラクに、楽しく、美しく生きるための起業支援、自己啓発や片付けを学べる学校、LSC Academy（Life Style Creators Academy）の校長を務める。
トップブロガー、著書多数、開催する講座は数分で満席となるカリスマ的存在。

https://ameblo.jp/naowr/

https://smartstorage.jp/

https://lscacademy.jp

40代《だい》からをご機《き》嫌《げん》に生《い》きる 88のヒント

2023年3月30日　初版第1刷発行

デザイン　中西佑美

著者　鈴《すず》木《き》尚《なお》子《こ》
発行者　三宅貴久
発行所　株式会社 光文社
〒112-8011 東京都文京区音羽1-16-6
電話　編集部 03-5395-8149
書籍販売部 03-5395-8116
業務部 03-5395-8125
落丁本・乱丁本は業務部へご連絡くだされば、お取り替えいたします。

組版　萩原印刷
印刷所　萩原印刷
製本所　ナショナル製本

ISBN978-4-334-95367-6